U0939888

cover photo provided by Ross Koger

[ 卷首语 ]

在现代人的无数种焦虑中，“年龄”可能是最常被提及的。年龄焦虑的背后，是对成就的焦虑，以及社会既定成功标准带来的焦虑。面对来自外部的标准，有人迫不及待，也有人惶然无法自处。

哪些人出走半生，仍不失“少年之心”？他们是如何做到的？我们带着这样的好奇找到并采访了全球 17 位不同领域的人物。本期受访者的平均年龄是日和手帖创立以来最高的，他们中有澳大利亚国宝级艺术家，平均年龄 59 岁的日本 Hip-Hop 舞蹈组合，用 40 年时间全手工打造游乐园的厨师，世界上唯一的专职超自然事件调查员，忍受昆虫蜇咬 1000 次的昆虫学家，与年轻人共同竞技的全球最高龄电竞战队……

从他们身上我们看到一些似乎“无意义的执着”，一些延迟实现的年少梦想，一些偏离常人生活轨道的职业选择，而共同点是不输年轻人的、无比旺盛的生命力。通常所说“什么年龄做什么样的事”在他们身上被颠覆，在不断创新和追求梦想的路上，年龄不是一个变量。

# Openning



# Interview



# Photogallery



# 艺术手帖 别册



# Index 索引



日和手帖

HIYORITECHO
BIMONTHLY - 012
2019

少年之心 特集
12

出版人：苏静
总编辑：鲁本夫
内容监制：王展薇、陈宝心
编辑：陈接、黄永灿、陆冉、金慧妍、安卡先生、刘雨、张惠霞、姜俊彦、胡彦

艺术指导：龚心宇
平面设计：小飞哥

策划编辑：蒋蕾
责任编辑：迟元美

Publisher: Johnny Su
Chief Editor: Lu Benfu
Executive Editor: Wang zhanwei, Chen Baoxin
Editor: Chen Jie, Huang Yongcan, Lu Ran, Jin Huiyan, Xiao An, Liu Yu, Zhang Huixia, Jiang Junyan, Hu Yan

Art Director: Gong Xinyu
Graphic Design: Xiong Fei

Acquisitions Editor: Jiang Lei
Responsible Editor: Chi Yuanmei

## Opening

# 受访人
# 全球分布

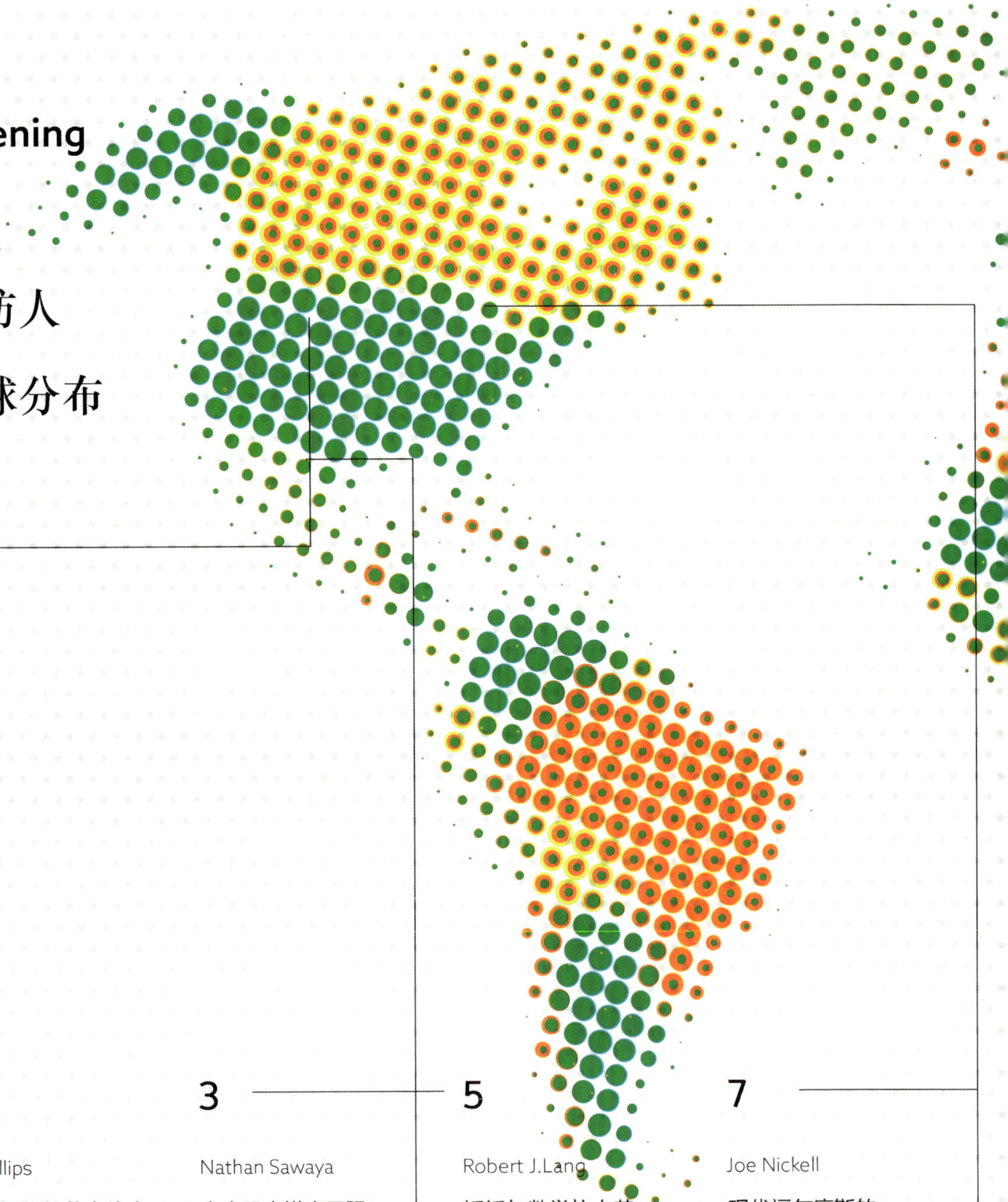

1

Jim Phillips

手绘滑板界的艺术传奇

（美国）

2

Jayson Fann

连接自然的筑巢艺术家

（美国）

3

Nathan Sawaya

小小积木搭出无限

创意宇宙（美国）

4

Justin O.Schmidt

体验昆虫蜇咬 1000 次

的科学家

（美国）

5

Robert J.Lang

折纸与数学的火花

（美国）

6

Steve Ritchie

弹球界的“流动大师”

（美国）

7

Joe Nickell

现代福尔摩斯的

超自然世界（美国）

8

Bruce Campbell

畅游云端，落地人间

（美国）

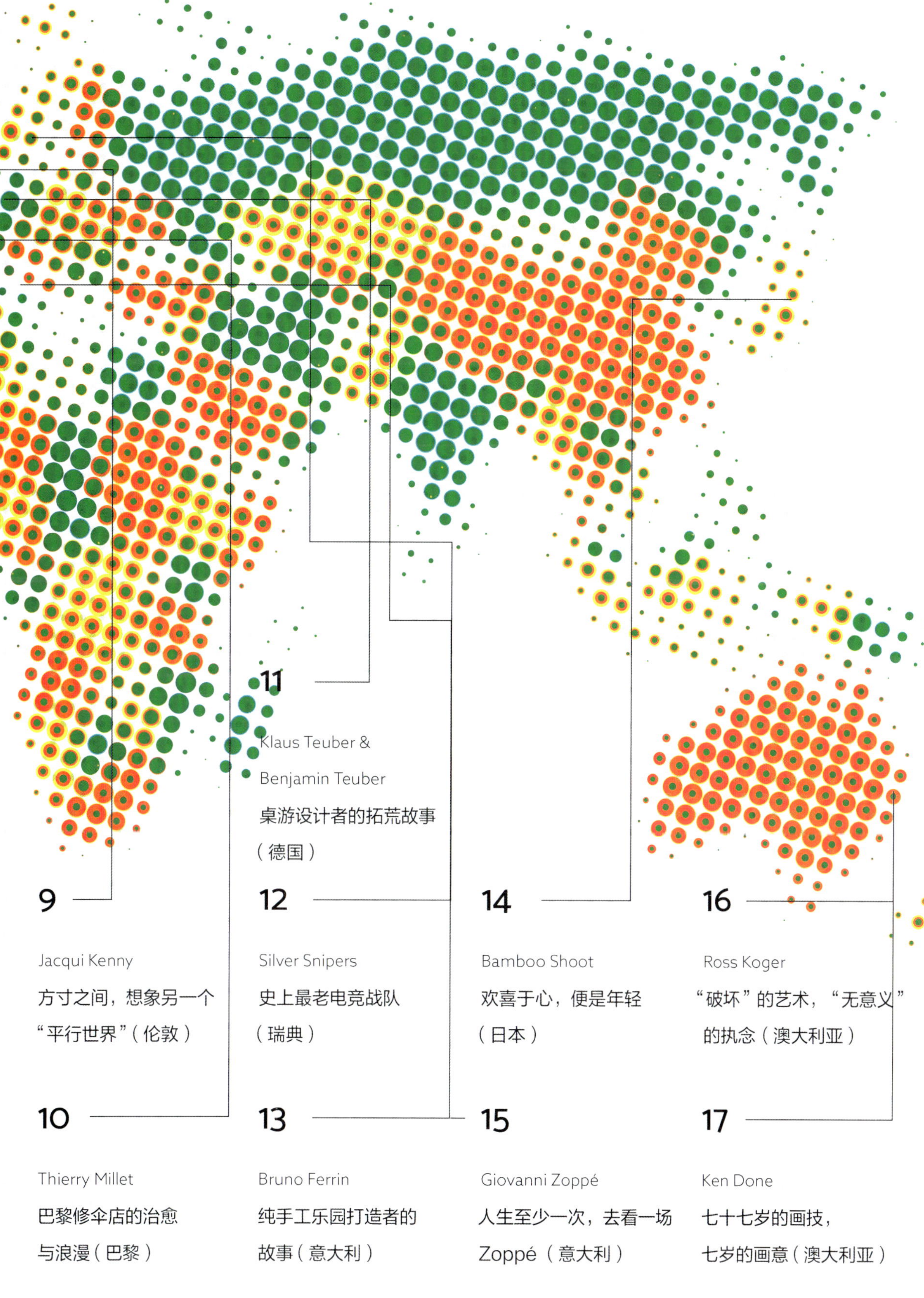

# FEATURES

Interview

# Painting Skill of 77 Years Old, Expression Style of 7 Years Old

# 七十七岁的画技，七岁的画艺

陈接 / 文　肯·多恩美术馆 / 图
Shizuka Hayashi / interview & text　Ken Done Gallery / photo provided

Interview with

## Ken Done

Profile

Ken Done

**肯·多恩**

澳大利亚画家。其作品曾获阿奇博人物肖像奖（Archibald Prize）、韦恩风景画奖（Wynne Prize）、苏曼奖（Sulman Prize）与多贝尔奖（Dobell Prize）等。

Ken Done 的画廊位于悉尼海港大桥附近。

**开设于1994年的画廊陈列了许多 Ken Done 的作品。**

巴勃罗·毕加索曾说："我花了四年时间画得像拉斐尔一样，却用了一生的时间，才能像孩子一样画画。"对于真正的艺术家来说，创作背后的哲理，或许就是对生活中的所见、所闻、所感，以最直观的认识，做出最直接的诠释吧。无须纠结以什么样的方式诠释，又或者诠释过后的结果是正是负，但求诠释的过程心无旁骛，起码 Ken Done 是这么认为的。

出生于"二战"中期的 Ken Done，在大约14岁时便进入了位于悉尼的澳大利亚国立艺术学院（National Art School）接受系统艺术教育。从艺术学院毕业后常在日、美、英等多个国家游历，并于悉尼、纽约与伦敦等地担任过平面设计师以及艺术总监。直到迈入不惑之年，Ken Done 才决心将绘画作为全职工作，全身心投入到自己的艺术创作中。

自1980年首场个人艺术展以来，Ken Done 没少活跃在澳大利亚乃至世界的艺术领域。这位擅长抽象风格的油画大师，有人称其为澳大利亚国宝级艺术家，也有人觉得他的艺术成就被过于高估，名利气息过重，但他一贯的创作风格似乎是他用以表明自己的坚持与纯粹的方式。

Ken Done 的许多作品曾展出于澳大利亚的各大绘画艺术大奖赛上，热门的如阿奇博人物肖像奖（Archibald Prize）、韦恩风景画奖（Wynne Prize）、苏曼奖（Sulman Prize）与多贝尔奖（Dobell Prize）等。其最广为人知的代表作当属带着浓厚悉尼自然风情的画作，而这一原生艺术成了时下著名的澳大利亚品牌，更是被限量转印在流行服饰上。*Vogue* 杂志曾评价道："多恩的艺术，并非只是挂于墙上的艺术，也是可以加于身上的艺术。"

Ken Done 从不自我定义为艺术界的"清流"，在他看来，艺术是需要传播的，而传播必定需要借助商业链，但商业元素的渗入并不代表艺术本身的失真，所以他跨足产品设计领域，在周边商品制作领域也是进行得不亦乐乎。在他看来，一名优秀的艺术家，或者一名真正意义上的艺术家不是不受商业链或商业化的感染，而是在商业化大流中能够始终保持创作上的专注与真我。

Coral Head
Ken Done
14

Ken Done 的绘画作品因为大受欢迎，还被印制在很多澳大利亚的纪念品上，例如丝巾、短袖等等。

# >>> < KEN DONE

HIYORITECHO × KEN DONE

**日和手帖 > 你对艺术而言是一种什么样的存在？艺术对你而言又是一种什么样的存在？**

活了 77 年，我把一生都给了艺术。艺术是我人生最重要的组成要素，与我生存的时间聚拢、交错、缠绕形成“结”，我时刻在寻找改进的空间，只为让自己的艺术之绳，能与自己的人生时间继续相织，继而能够让更多人走过自己的人生，走进自己的艺术世界，与自己的作品发生或浅或深的交集。

**日和手帖 > 在这段不算长也绝不算短的交错时间里，你与艺术创作之间的关系，经历过哪些或好或坏的变化吗？**

最明显的变化应该是量与质之间的转移吧。创作生涯的开始，或许是年轻气盛，或许只是忠于直观认识，总是急切地把纷繁的想法与亟欲尝试的技巧尽可能多地展现，越频繁越详尽越好，可随着时间推移，生而为人的自己在成长，作为一名艺术创作者的自己也在成长，内心的铅华都会洗尽，对人、对事、对物的看法也会在不知不觉中转弯，甚至逆向回行，所以在很长一段时间里，我把越来越多的注意力放在了作品的编辑与修改上，因为我相信，好的艺术家应该更懂得对草稿进行加工与完善，直至作品达到最好的状态，再以之示人。

**日和手帖 > 你如何看待自己在艺术领域以及商业市场上的地位？**

我从 20 世纪 80 年代初开始经营自己的艺术馆，这是如今许多艺术家都会选择的将自己的艺术推向市场的方式，实际上与厨师想要经营自己的餐馆是同样的道理。有了自己的艺术馆，我可以随心所欲地展出自己的作品。作品与观众之间，也不需要中间商来维系。

**日和手帖 > 你 14 岁左右开始系统的艺术学习，当时是什么原因让你这么早便决**

**定全身心投入到艺术绘画领域？**

我在 14 岁半时离开了普通高校，当时收到了澳大利亚国立美术学院（National Art School）的一项特殊免试就读邀请，校址就在悉尼。时至今日，我仍感激父母当时的成全，也很庆幸自己能在那么小的年纪就开始接受正规且系统的艺术启蒙与教育。

**日和手帖 > 在你看来，创作是生命的一部分，还是生命的全部？**

我的人生与创作显然是交叉成一体的，不是部分，亦非全部，但二者必须共存，必须缠绕前行。

**日和手帖 > 你对自己艺术想法的诠释方式，总给人一种天真又玩味的印象，甚至可以说是稚气满满，这是否一直都是你在进行艺术创作时的主要理念？这样的创作理念是否与你的脾气秉性有关，抑或是你在创作之路上的一种哲思？**

若有人从这样的角度去解读我的作品，又或者是有人在解读我的作品时得到这么一种体会，对我而言，都是无上的荣幸，亦是相当奢侈的赞美，毕竟孩童的视觉与思维都是最纯粹的，感官与认知也是最直接的，所以笔下的线条与颜色才会通透，这种本能的东西，谁都难以复制。当然了，我如今已是七十又七，早已无法重拾 7 岁孩童的天真无邪，但我希望能够在自己的作品中展现乐观与光明，给观者带来如看孩童作画时所能获得的那般感受。

**日和手帖 > 在如此漫长的创作旅途中，你是否经历过“瓶颈”期，或是遇到过难以克服的挑战？你又是如何克服并让自己在这条艺术道路上坚持下来的？**

任何人在一生中做任何事，都会遇到种种波荡起伏，而艺术家则是最经常被问

梦幻沙滩，1990-2004

及这一问题的群体，这在很大程度上与艺术的“专注”与“无他性”有关，所以艺术家一旦遇到任何起落，哪怕是再细小平凡不过的起落，都会被放大，外界都会误以为这就是论定他们艺术生涯生死成败的关键，其实不然。

在任何艺术家的创作生涯里，必会经历这样的时期，有时候灵感源源不断，创作起来如行云流水、一气呵成，但有时候则是心思受堵，用力挣扎也找不到方向，我也不例外。在我看来，最重要的是保持双眼与心眼的开阔，不能总指望以同样的方法来解决所有问题，要敢于尝试新的门径，即便没有挑战，也要寻找新的挑战。

**日和手帖 > 你说过你会从各种各样的人、事、物中寻找灵感，像是碧海云天的奔放情怀、静谧花园中酝酿着的超然情感、原住民的灵气艺术、日本诗歌、悉尼的城市呐喊等等，那么，你从日本诗歌中获得了什么样的灵感？又是如何将这些从文学中提取出来的想法转变为属于自己的艺术表达？**

我素来对亚洲的艺术与设计很感兴趣，虽然日本是我踏出澳大利亚后首个到达的国度，但在之后很多年里，我也时有机会游赏中国，还很荣幸地在那里举办过两次展览，一次是作为群展的一部分，举办展览的城市牡丹江与我在悉尼所居住的城埠莫斯曼(Mosman)还是友好姐妹城，另一次展览则是在杭州的黄龙饭店。

至于日本俳句，我曾为一首名叫《蝴蝶梦》的诗作图，然后将图印制于织物上。我的妻子曾用这些美丽的织物缝制出一件精美的结婚礼服。这件礼服连同我们在20世纪80年代创作的许多时尚商品获得了澳大利亚的一个重大奖项，即1993年的“澳大利亚时尚大奖”。

**日和手帖 > 你对澳大利亚的原住民艺术有什么感想？这种艺术为何能够如此引起你的兴趣？**

澳大利亚的原住民艺术，就和许多原始的文化一样，都是通过人类最直接、最简单的手作方式实现，数千年延续至此。那一点、那一线、那一个手印，当然还有原住民艺术中特有的用色以及调制颜料用的赭石，全然象征着手作画中所描绘的地貌与风景。

**日和手帖 >1980 年，你就已经在悉尼举办了首个个人展，与如今的艺术环境相比，当时艺术领域的氛围给你的感受如何？**

虽然我从14岁半就进入了艺术学院，开始系统的艺术学习，但在第一个个人展举办之时，我其实已迈进了不惑之年。尽管岁数不算小，可与当时年纪相符的心态和生活经历都无法替我缓解紧张、激动又害怕的心理。庆幸的是，首展获得的都是令人颇为欣慰的反馈。如今，我在澳大利亚乃至全球的个人展尽管已逾六十场，可一想到要将新作品展现给观众，开展前那种激动又稍微有些害怕的心情体验始终都在，而且每次感觉都如初次体验。

**日和手帖 > 你在作品中所运用的颜色非常独特。在创作的最初，你是如何发现并开始将这么一种色彩表达应用到创作中的？为何会做出这样的选择？**

颜色之于绘画创作，犹如音符之于音乐创作，音乐是喜是悲，是死是活，是浓是淡，全倚仗音乐人对音符的排列与组合，所以听到人们称赞我的用色，或称我为色彩大师，我总是既高兴又自豪，而且似乎全人类都认为我玩色彩玩得不亦乐乎。尽管如此，也不是说我的所有画作都色彩明丽。在我看来，尝试运用简单的黑

周六扬帆，2016

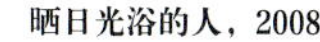

晒日光浴的人，2008

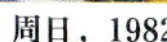

周日，1982

暗礁，2012

Night Drive

在 Ken 看来，尝试运用简单的黑色调作画，也能带给他相同程度的快感和乐趣。

与灰色调作画，也能带给我相同程度的快感和乐趣。

**日和手帖 > 在你的作品里，时常能看到悉尼港、悉尼歌剧院与悉尼海港大桥，或三者独立，或三者同现，或成双成对，这般大量地绘制同一个目的地、同一道风景线，对你而言究竟是在消费这些景色，还是在推广，抑或两者都不是？**

我的住所便位于悉尼港旁侧，这对我来说是种幸运。每日清晨，在动身去工作室之前，我都会看着这般迷人的景色给家中的吸蜜鹦鹉喂食，在花园前的清水泳池中畅泳。我的工作室同样也是在悉尼港旁，所以每日无论在家、在工作室，或是在两者之间穿行，我都在以不同的角度欣赏同样的景色。

悉尼港有着得天独厚的地形优势，而悉尼歌剧院与海港大桥相互为邻更是为这一绝美的地貌锦上添花，所以这一带的风景永远都会是艺术创作的灵感源。看过我作品的人不难发现，悉尼港、悉尼歌剧院与海港大桥都是会重复出现在我作品里的题材，而我也总是在尝试从不同的角度、用不同的手法去诠释它们，以传达自己不一样的想法与感受。

所以说，这般孜孜不倦地对同一道风景线进行创作究竟是消费还是推广，估计两者都说不上，我更多是想要记录下自己双眼所接收到的美感以及心之体会。

**日和手帖 > 不同人对同一事物都会有不同看法，你的作品，看过的人估计也会有褒贬不一的意见，对于持批评观点的意见，你会将其纳入作为参考，还是说你觉得绘画本身是一件极为个人的事，并不需要过多地在乎外界的看法？**

当然不可能期待任何人都会喜欢你的作品，纯粹的艺术，创作的初衷本来就不是为了迎合大众的口味，而艺术本身基本上就是一场单方谈话，所以更重要的是创作者所能带到作品中的体验与经历。

我相信自己的判断，但也会考虑旁观者的建议。我的妻女都是非常优秀的设计师，对于形状、用色、线条、秩序等各方面的审美都有着她们独特的见解，有时候对我的一些作品，她们也会小心地提出自己的想法与建议，对此，我总会仔细聆听。

**日和手帖 > 你的艺术聚集了相当高的人气，在商业上也获得了巨大成功，你认为其中的原因是什么？**

我们的商品组成有着相当大的跨度，

不仅仅是静态艺术，还有高识别度的设计产品，也就是说，我们将原创艺术用于各类织物印花上，像是泳衣、床单与时装等。这些产品的成功与否，很容易就可以通过诸如产品的市场占有率、发行量和销售量此类信息做出判断。在过去的三十多年里，对于购买过这些产品的顾客，或是试图寻找这些商品的顾客，我都心怀感激，也会心生抑制不住的自豪感。我们在其他国家虽有过不少专卖店，或得到了在当地出售产品的经营许可，但近些年，随着年事渐高，我希望把有限的精力都集中在自己的绘画创作上，所以我们的产品已是限量生产，而且只在我们的艺术馆与网站出售。

我始终认为，无论制作什么类型的商品，围巾也好，泳衣或T恤也罢，产品都必须保证最佳设计与最优质量。至于自己的画作，我所能做的就是献出自认为已达到最好的作品。如同其他艺术家一般，看到有人喜欢自己的作品，并准备将其纳入收藏，归入对方的生活之中，这种感觉必然是快乐又欣慰的。

**日和手帖 > 艺术与商业之间的关系，你如何看待，如何对待？**

真正的艺术是所有艺术家都在摸索、都希望获得的、能够永恒流传的艺术。对真正艺术的追求既是艺术家的成长之路、变形之路，也是艺术家的宿命。这种追求，更多是关于艺术家的内在，是一种修炼，也是一种精神境界。

商业艺术其实更应该归为设计，而这类艺术的存在必须考虑到市场，更多是为了满足对某种设计存在需求的客户，但并不是说真正的艺术中就不存在设计。我之所以这么说，是因为我相信所有伟大的艺术作品都包含着浓烈的设计元素，一如音乐的结构，想要这音乐能够打开市场，或达到某种艺术高度，就必须在结构的排序上多下功夫。

**日和手帖 > 在过去十年里，随着中国与澳大利亚的关系愈渐密切，国家对国家的政策越见开放，彼此间的文化交流不断增加，来澳旅行的中国人也成倍增长，自然会有越来越多的人接触到你的艺术，对此，你有什么想要与中国的艺术爱好者们分享的吗？**

在我出生以前，澳大利亚就已经有着为数不少的中国居民。从小我身边就不乏中国朋友。在艺术学院就读时，我的挚友便是一位中国小伙儿，我隔三岔五跑他家做客，主要是他母亲烧的饭菜特别香。饭后玩两局棋牌也都是老规矩了。让我特别惊讶的是，他们家不仅料理做得出色，就连玩棋牌也是高手。

在不久的将来，中、澳两国的关系估计会更加紧密。我游历过中国很多地方，既有大中城市，也有一些较为偏远的地区，见识了当代中国的成功与强大，对当地包括文化艺术在内的各个领域的发展速度惊叹不已。我由衷希望能够有更多机会将作品带到中国，也希望大家若来悉尼，能到我的艺术馆走走看看，让这种无国界的艺术交流能够跨地界地持续下去。

蝴蝶梦，1991

# Happiness Keeps Us Young

# 欢喜于心，便是年轻

陈接 / 文　竹笋舞团 / 图

Shizuka Hayashi / interview & text　Bamboo Shoot / photo provided

Interview with

## Bamboo Shoot

Profile

Bamboo Shoot

**竹笋舞团**

成立于日本的 Hip-Hop（嘻哈）舞团，由两位平均年龄 59 岁的奶奶组成。

虽然火星哥Bruno Mars于2016年年底的一条推特"我真的非常开心! 谢谢你们! "让Bamboo Shoot这支平均年龄59岁的Hip-Hop双人舞团成了众多人在社交媒体的关注对象,但在此之前将近20年的时间里,她们其实从未停止过对Hip-Hop的坚持。

Bamboo Shoot, 意为竹笋, 也有人用"笋儿尖尖"来称呼她们。对于舞团中这两位似乎从未被岁月冲刷过心气的舞者而言, 这般充满玩性与阳光气息的爱称, 她们是乐意接受的。自2014年成团以来, 两人已参加了海内外近50场的Hip-Hop表演及比赛。在新人辈出的街舞领域, 她们凭借实力收获了不少奖项与赞誉。

现年60岁的Tachiflower, 一头亮眼的橘红色短发成了她的标志。无论是在舞台上还是在生活中、镜头前还是旁人眼中, 她永远是嘴角上扬, 脸上总会挂着治愈系的笑容。58岁的Mush身着和服时, 喜欢齐刘海盘发, 身着洋服时, 则喜欢尝试在头上搭配如帽子、头巾之类的不同配饰。

Mush说:"女儿一直都觉得Hip-Hop是年轻人的东西, 对于母亲跳Hip-Hop一事, 她总觉得不可思议, 但我们跳舞的初衷并非是为了给自己设定某种人物形象, 或是要给周围的人带来多大的影响, 也不是为了给谁鼓励, 做谁的榜样, 我们跳舞, 纯粹只是因为喜欢。"

Hip-Hop是街舞中人们较常接触到的舞类, 动作幅度大, 即便是相对简单、直接的舞步, 也能表现出舞者想要传达的复杂舞感。虽说比起街舞中的其他舞类, Hip-Hop比较容易入门, 但要跳得圆润通透, 还能将自己的感觉与想象完好地包裹于节奏和动作中, 没有持之以恒的练习是无法做到的。对于Tachiflower与Mush来说, 开始接触街舞或许都是出于偶然, 可至今依旧能够二十年如一日地跳着, 不可或缺的是年轻的心态与纯粹的执着, 而支撑这股心态与执着的, 不过是单纯的喜爱罢了。

Mush最初是受友人之邀, 为保持健康才开始街舞训练, 友人最终放弃, 她却坚持了下来。她说:"谁都不应该放弃梦想, 就算这个梦想看起来难以实现, 但人只要还活着, 便有将梦想坚持到底的必要。"至于Tachiflower的梦想:"即便到了90岁, 我仍希望自己能够站在舞台上。"

虽然 Bamboo Shoot 是一个平均年龄接近 60 岁的组合，但她们已经参加过大大小小近 50 场 Hip-Hop 的比赛。

# >>> < BAMBOO SHOOT

HIYORITECHO × BAMBOO SHOOT

**日和手帖 >Tachiflower 与 Mush 初次见面是什么时候？**

Mush: 大约 7 年前在东京的一家舞蹈社上初次遇到。

Tachiflower: 也是差不多从那个时候起我们开始参加舞蹈对战赛。

**日和手帖 > 两人的跳舞生涯分别始于什么时候？**

Tachiflower: 严格来说，应该是从 20 年前开始的吧，那时我也有 40 岁了。那次是在某校园文化祭上演出，跳的迪斯科，当时第一次体验到被台下那么多观众注视着是一种什么感觉。

Mush: 我也是四十出头的时候开始跳舞的。在此之前，因为丈夫工作的关系，我们曾在法国生活了三年半，那段时间里，因为孩子们的生活都已经稳定，自己便在不知不觉中变得心宽体胖。回到日本后，友人邀我一同去舞蹈教室健身，碰巧当时在教的正是 Hip-Hop。一同报班的朋友没坚持多久便放弃了，而我则喜欢上了这种舞，对其欲罢不能。

**日和手帖 > 能介绍一下你们的舞团 Bamboo Shoot 吗？**

Tachiflower: 2012 年，我加入了一支名为 Rash 的舞团，舞团受邀出演一档电视节目，而这也成为了邀请 Mush 加入的契机。隔年我们便代表日本赴拉斯维加斯参加 Hip-Hop 国际舞蹈大赛 40 岁以上组的竞赛。2014 年，原舞团中有人辞退，我与 Mush 便决定组成二人舞团 Bamboo Shoot。到了 2014 年秋，我们受邀在京都的 Wreckin Shop Studio 表演会上演出，又于 2015 年在台湾的 Max Party 上获得特别奖，随后更是陆陆续续收到世界各地各种演出以及舞蹈比赛的邀请。

Mush：我们有着街舞界“金银双侠”的称号。成团至今已参加了近 50 场的街舞竞赛与舞蹈演出，也在多个大赛上获得不俗的名次，比如 Cracker Contest 常规竞赛第二名、台湾 Max Party Contest 特别奖、Udo Hip-Hop 冠军赛日本大会家长类别优胜奖、Juste Debout Amsterdam 最佳 8 人锁舞赛以及纽约 Step Ya Game Up 舞蹈赛等。

**日和手帖 > 团名 Bamboo Shoot 源自何处?**

Tachiflower： Bamboo Shoot 意为“竹笋”。舞团最初由 5 人组成，当时的团名其实是“竹节”(Bamboo Notch)，后来发展成二人舞团并代表日本出赛时，就改名为“Bamboo Shoot”，因为竹笋是充满活力的，代表蓬勃、向上的意思，不是有“雨后春笋”一说吗?

**日和手帖 > 为何 Hip-Hop 能让你们如此坚持？ 与 Hip-Hop 之间有什么样的故事?**

Tachiflower: 喜欢就是最重要的理由，之所以能坚持，正是因为对 Hip-Hop 情有独钟。如果当时没有选择 Hip-Hop，现在的自己会是什么模样? 实在很难想象，也觉得很不可思议。总而言之，只要有爱，就能坚持，而且通过跳舞，能认识不同的人，见识不同的文化，看到不一样的人在做着同样的坚持，也能产生各种各样的交流。

Mush: 我很清楚地记得，当时从法国返回日本即练起了 Hip-Hop，最初大概每周跳一次，虽然并没有很正式，但已经爱上了随音乐自由律动的感觉。后来无论是在拉斯维加斯还是在纽约演出，都收获了台下极高的欢呼声，站在台上接受这种掌声与呼声的洗礼，实在让人兴奋不已。

**日和手帖 >Hip-Hop 对你们来说是什么样的存在，兴趣、生活态度还是信仰?**

Tachiflower: 跳 Hip-Hop 可以说是我生命中的一个支柱、生活的中心，如果将这一支柱或者这个中心抽掉，人就空了，心中没了欢喜，精神没了依托，那么一种状态，着实很难理解。

Mush： 选择 Hip-Hop，一开始确实只是兴趣使然，但这么多年下来，单纯的兴趣已经被时间历练为一种习惯，成为生活中踏实而坚韧的一部分。平日里，我虽

Bamboo Shoot，意为竹笋，
也有人用“笋儿尖尖”来称呼她们。

Bamboo Shoot 已经活跃在 Hip-Hop 的舞台上超过 20 年了。

然只是普通的家庭主妇，可一旦换上舞衣、站到台上，音乐一响起来，肌肉神经立即形成条件反射，我的角色与思考方式就会立即切换成另一种模式。

在纽约，Hip-Hop 与宗教信仰有着密不可分的关系，它象征了一种崛起与对抗，也象征了一种自由与解放，我在诠释自己的 Hip-Hop 作品时，其实就是秉持着对这样一种文化与历史的尊重与理解来跳的。

**日和手帖 > 不管是看还是跳，在舞台上表演式地跳舞与在生活中随意地跳舞，两者在感觉上有何不同?**

Tachiflower：在台上跳也好，在台下看也罢，我都很喜欢。若只是旁观，感觉自己会像海绵一样，马上就能吸收获得新的概念与技能，若自己平日摸索着去跳的话，则感觉需要付出更多的努力。

Mush：若是身至舞台中央，总会不由自主地意识到台下观众的存在他们的视线、他们的表情和他们的期待，然后大脑会不停地搜索答案——自己该如何表现、如何吸引观众的兴趣、如何让他们的兴趣更持久一些。若只在生活中随意发挥的话，只有音乐可以主导大脑的回路，身体只需随感觉动起来，非常自在舒服。

**日和手帖 > 平时的练习时间大概多长?**

Tachiflower：一周大概练习 6 次，除了随当地的老师练习之外，每星期还会前往东京都的舞蹈班进修听着感觉挺折腾的，可我乐在其中。

Mush：每日会利用做家务的空当，抓紧时间做拉伸运动尽可能让身体多活动。每日的习舞时间长短不一，但基本保持每星期至少练习一次还会去上几次舞蹈课。要做到每日坚持尽管不容易，但可以通过合理的作息、健康的饮食与张弛有度的生活方式来做到持之以恒。

**日和手帖 > 请描述一下你们的练习方式?**

Tachiflower：大约十年前，我通勤去念大学，就像许多年轻人一样，保持身体每天得以活动，也时常会在寒冷的户外锻炼，注重饮食平衡。另外，做拉伸运动一直都是自己分配给自己的每日课业，因为我也是一名舞者，深知舞者很多时候都会在有意或无意间偏向于使用自己惯用的一侧手脚，久而久之就使得身体变形，所以坚持做拉伸运动非常重要，我在练习时常常会提醒自己要平衡使用身体左、右两侧。

最近与队友一起租了一间工作室专门用作 Hip-Hop 练习。不过呢，训练还是得讲究分寸，过度练习也会给身体带来负担，甚至受伤，所以并不会太勉强自己。

Mush：反复练习学到的技巧，学以致用是最好的方法，然后再从中自由发挥，延伸各种可能性。同时，还需要重视肌肉锻炼与筋骨拉伸，降低受伤的可能性，在每日的训练过程中，我都会对这两方面进行短时间的集中型锻炼。

饮食方面会尽量做到每日食用新鲜食

在青出于蓝的街舞领域，她们仍旧凭借实力收获了不少奖项与赞誉。

物。我家附近有一家农场直销店，每日都会供应新鲜又美味的蔬菜。即便如此，在日常生活中我并不会总掂量着“要吃这个，不能吃那个”，或者“要做这个，不能做那个”，若给自己设定的条条框框太多，压力就会增加。事实上，健康饮食就像身体的左、右两侧，保持平衡便是诀窍。

**日和手帖 > 跳舞能保持心态年轻，真的如此吗？**

Tachiflower：欢喜与否，是保持年轻心态的关键，跳舞其实只是一种介质。对于喜欢跳舞的人来说，比方说我，便是觉得跳舞能够让心态积极开朗，令人在精神上感受时光不断倒流，但在对跳舞并不感兴趣的人看来，能否通过跳舞保持年轻心态，那就不好说了。

Mush：我觉得是这样的，音乐与运动都是保持活力的秘诀，而且通过跳舞，还可以经常与年轻人交流，这在我看来也是保持年轻的秘诀，耳濡目染是极有效的自我影响方式。

**日和手帖 > 心态的年轻与身体的年轻，对你们来说哪一项意义更重要？**

Tachiflower：我觉得两者都很重要，保持两者的平衡更为重要。

Mush：完全赞同，身心不可分离。心态的年轻能活化筋骨，而锻炼身体也可以有效地刺激大脑。

**日和手帖 >Hip-Hop 最不缺的就是年轻的舞者，你们把自己置身于这个青春与活力膨胀的艺术领域，会令你们感到有压力吗？**

Tachiflower：并不会。因为跳 Hip-Hop 对我来说，更多的是一种自我挑战。在跳舞的过程中，最在乎的一件事就是不让自己受伤，然后再在此基础上跳出自己，挑战自己的极限就可以了，并不需要做勉强自己的事，也不需要把同台竞技的年轻人看作是威胁。把年轻人的存在当作获取灵感的源泉，从他们身上吸收向上的能量，再结合适合自己身体状况的舞步，这样的跳舞过程，其实会让身心都很舒服。

Mush：演出也好，比赛也好，我们在台上面对观众的时间不过 3 分钟，在这 3 分钟里，精神处于高度集中的状态。为了这 3 分钟，我们必须持之以恒，每日练习，而不是靠比赛前临时抱佛脚。海外的观众觉得，到了我们这个年纪还能这般活动身体，这对于其他舞者来说本身就是一种威胁——这种想法挺出乎我们意料的，让我觉得当一名上年纪的舞者，或许也挺好。

**日和手帖 >“平均年龄 59 岁”已经成为了人们谈论 Bamboo Shoot 的主要话题，舞团也因此获得了许多关注，但在你们看来，跳 Hip-Hop 与年龄大小有必然的关系吗？**

Tachiflower：年轻人的身体能动性与灵活度相对较好，这是客观事实，但我个人并不认为跳 Hip-Hop 与年龄之间是一种必然、固定的关系。相反，随着年纪增长，精神稳定性也会提高，这对于理解舞步，掌握律动感其实更有利。再者，人生的各种经验也会随年月积累，有了不同的体验，我觉得更容易把舞跳活。

Mush：我把 Hip-Hop 当作心头好，而心头好与年龄之间并无必然关系。在新西兰的 Hip-Hop 领域并不乏年近百岁的舞者，我们在拉斯维加斯参赛时遇到了他们，而他们的演出让包括我们在内的所有观者为之感动，以他们的 Hip-Hop 生涯为题材的纪录片如今正在拍摄中。

**日和手帖 >Bamboo Shoot 在表演时，有时穿洋服，有时穿和服，为什么会有这种迥异的舞台服装选择？**

Tachiflower：从代表日本参加演出的时候起，就开始尝试穿和服来跳 Hip-Hop。当然了，若要论舒适程度，必定是洋服有优势，但很多时候我们更希望能以日本人的身份来跳舞。

Mush：既然是代表自己的国家，就有必要体现自己的文化，和服自然是最具代表性的。一旦穿上和服，表演时的整个心情都会发生深刻的变化，感觉全然不是为了在舞台上哗众取宠，也不是为了自己能获得更多掌声，而是想让观众知道，日本的女性也会有如此执着的追求，也能够为了理想而燃烧激情，也可以证明梦想不分年龄，没有极限,也可以成为某种艺术发展的灵感。

虽然跳起舞来，和服的灵活度并不如洋服，但因为它是日本文化的精髓之一，所以和服加身后，总觉得自己的舞步丰盈得足以将日本的文化融入到Hip-Hop的大氛围中，让这种舞蹈不仅仅局限于“形”，更是在“神”上得以深化。

**日和手帖 > 跳 Hip-Hop 对生活的其他方面有影响吗？能分享你们觉得最有趣的跳舞经历吗？**

Tachiflower：交到了很多朋友，特别是年轻朋友，或许有人会觉得这没有什么大不了的，但于我而言，收获的这些年轻友情特别珍贵，也使我身心充溢着满满的能量与朝气，所以说能与世界各地的舞者成为朋友是相当让人愉悦的经历。

2017年2月，我们组队参加了在荷兰阿姆斯特丹举行的Juste Debout Amsterdam最佳8人Hip-Hop对战赛，当时所遇到的其他国家参赛舞者，后又于同年5月在日本的UDO Hip-Hop赛上再次相遇，与他们的两次碰撞都让自己眼界大开，惊喜不已。

Mush：无论是在纽约、阿姆斯特丹还是中国台湾，Bamboo Shoot都得到了大家的尊重，我们听到了许多不同的声音，感觉非常充实又不可思议，即便过后自己回看视频，每次看毕都感觉自己身心再度元气盈溢！不少居住海外的日本舞者也对我们的表现予以认同,我们对此是心怀感激的。

**日和手帖 > 虽然 Bamboo Shoot 的精神是“做自己喜欢的事”，但想过自己的一举一动给周围的人所带来的影响吗？**

Tachiflower：当然有，其实身边的人总是非常友好。从开始到现在，我都是跟随GRANDSOUL的マサ老师学跳Hip-Hop，至今已有20余年，可以说她是在舞蹈方面对我影响最为深刻的人。

Mush：一开始随音乐跳舞，只是因为觉得快乐、身心舒畅，但从大家的反馈中得知自己给别人带来了这么多的欢乐与鼓舞，自身也由此获得了很大的力量与勇气——这或许就是我将近60年里最宝贵的人生经历吧。

Hip-Hop虽然入门比较简单，但想要跳好，离不开艰苦的练习。

# Destructive Art and Meaningless Persistency

# 『破坏』的艺术，『无意义』的执念

陈接 / 文　罗德·吉尔 / 图
Shizuka Hayashi / interview & text　Rod Gill Photography / photo provided

Interview with

## Ross Koger

Profile

Ross Koger

**罗斯·科格**

纸箱大战（Boxwars）的发起人。

如果说儿时的意义就在于长大成人，那长成之后的意义又是什么呢？很多人，很多时候，做很多事都要求目的明确，希望事半功倍，可是就有那么一些人，追求一种“无意义”的状态，在这种状态下，容易忆起纯真的初衷，犹如孩童堆砌积木，纵使知道垒砌至一定高度积木必定会倒，但仍会一次次地堆起，再一次次地享受坍塌那一刻的惊心。纸箱大战（Boxwars）的发起人 Ross Koger 就是那些人中的一个。

纸箱大战兴起于南半球的文艺之城墨尔本。游戏方式简单来说就是用纸箱作为材料，发挥创意，打造出自己觉得酷炫的模型，然后运送到战场上以最痛快的方式捣毁。Ross 说：“纸箱大战的最大意义就是无意义。”

虽然在某职业社交平台上，Ross 的个人履历可以说是五花八门，但他给自己的名号就只有醒目的几个字——“纸箱大战最高霸主指挥官”。虽然 2002 年年初打江山时，根基并不显赫，志向亦不高远，但他的纸箱帝国从 2003 年崛起后便一发不可收拾，每一届的活动版图都是成倍地扩充。他笑言：“我们一直在问自己，这个活动规模究竟能发展至多大，但迄今为止，我们仍未得到答案。”

Ross 的聊天方式直接而风趣，甚至有点儿天真的小嚣张，聊久了便会让听者深信，他的年龄、职业背景什么的，已是无关紧要的事情，他说他是纸箱大战的大 Boss，那他就是纸箱大战的大 Boss。他说，世界与人心一样，都应该是平和的，若非要生战，那只能是纸箱之战。因为战争本无意义，纸箱大战亦无意义，工具只是纸箱的话，成本也低，还能自主发挥创意，也能资源循环再用，在战场上更是只有输家，没有胜者，何乐而不为呢？

**“纸箱大战的最大意义就是无意义。”**

Ross 的纸箱帝国从 2003 年崛起后便一发不可收拾，每一届的活动版图都成倍地扩充。

纸箱大战既是一门艺术，也是一种破坏。

# ››› ‹ ROSS KOGER

HIYORITECHO × ROSS KOGER

**日和手帖 > 为什么想要开展这么一个活动？是否因为内心住着一个没长大的小孩？**

每个男人心中都住着一个长不大的小孩，这或许不是一个决定性因素，却在很大程度上让人不自觉地将童心代入到自己的想法中，再把想法代入到行为中。

纸箱大战是我和几个朋友在几瓶啤酒下肚后，突发奇想的点子，当时只是想着做一些既有创意又毫无意义的事情，比方说看看谁能用纸箱制造出更厉害但又没什么实际用途的工艺模型，于是就有了纸箱大战。待我们打响了第一仗后，大家还戏谑说，看看这个比赛能走多远，虽然到目前为止，我们仍未得出答案。

**日和手帖 > 为什么选择纸箱作为材料？是从环保角度考量还是别有原因？**

活动的名字本来就叫“纸箱大战”，以纸箱作为材料的目的之一也是希望让大家意识到这种材料的珍贵之处，希望一开始选择丢弃它的人能意识到这种弃物其实有着无限的再利用可能。

纸箱，或者说硬纸板这种人造材料不仅是优质的建造材料，也很适合循环再用，最重要的一点是，即便需求量再大，这种材料也很容易获得，而且坚韧度高，制作的时候操作难度低。虽然我在纸箱运用方面经验算得上丰富，但每每利用这种材料进行手工创作，以不同的方式折叠纸板，所能得到的坚固程度总能不断给我惊喜，出乎我的意料，以上种种原因都让纸箱顺理成章地成为活动原材料。

**日和手帖 > 纸箱大战的定位是一种“破坏的艺术”，这个游戏既有稚气的一面，也有暗黑的一面，你如何看待这种组合？为何两者能如此融洽？**

生活中，任何人做每一件事，都不见得非得有多深远的意义，这其实正是纸箱大战的目的。对于它的这种“无意义”，我们素来是喜欢的。这个竞赛活动之所以能吸引越来越多参赛者和吃瓜群众，正是因为每一届纸箱大战中被创造出来的创意作品总是比上一届的更有看头，更为大型与新奇。

先不管参赛者所制作出来的纸箱作品是否达到他们的原定要求，我们始终需要保证这个活动适合家庭的各个年龄层。小朋友很喜欢来观看大战，我们希望他们能够从中受到启发，懂得享受生活，开发自己的创作能力。

**日和手帖 > 纸箱大战算不算是一种心灵疗法，即先唤醒人们的童真与想象力，再通过破坏自己的创作来释放压力？**

也可以把它称作是一种心灵疗法，但于我们而言，它的存在是一种必需和必然，毕竟这么好的点子，不实践太可惜了。参加纸箱大战的趣味在于利用纸箱这种简单的材料来制作各种纸板造型，规模不设上限。我们曾经制作出的最大纸板造型是一座纸板城堡，长达 8.2 公里，当时就是奔着挑战世界纪录去的。如果没有亲眼见过这座纸板城堡，很难想象 8.2 公里实际上是什么样的规模概念，其形之大远超出人们的想象。

**日和手帖 > 花费了这么长的时间与这么多的心血精心制造出一件作品，然后又摧毁它，这是一种什么样的心理感受？**

花了几周甚至是足月的时间去建造一样东西，就为了几秒钟捣毁的快感，这种微妙又刺激的心理反应若没有亲身体验过，很难用言语去表达，但只要尝试了，瞬间就能体会。作为一名纸箱战士，我们很忠诚于纸箱大战的这种“无意义”和“义无反顾”。

**日和手帖 > 在你看来，活动能够从如此简陋的开始发展到如此庞大的规模，原因何在？**

纸箱大战之所以能够每一届都有所成长，是因为我们每次都迫切希望能自我超

Ross 以纸箱作为材料的目的之一，也是希望大家意识到这种材料的珍贵之处。

越，所以这种渴望必然体现在行动上，换言之，迄今为止，纸箱大战的规模未到极限，依然有着未知的发展空间。

我们一边正以最快速度，勤勤恳恳地打造着属于纸箱大战爱好者们的纸箱王国，同时，这个游戏也在全球范围内趋于流行，法国、加拿大、美国……世界多地都出现了一定数量的纸箱发烧友——就从这一点来看，我们所得到的成就感真的非比寻常，毕竟澳大利亚是如此远离世界中心的国度，能在这里发起一项能如此引起世界共鸣的活动，并不多见。

**日和手帖 > 你说，在纸箱大战的战场上“只有输家，没有胜者”，我们该如何理解？大战的基本规则是什么？**

基本规则包括：只有输家，没有胜者；不要对对手做连自己都不愿意承受的事；活用常识；材料必须是纸箱；纸箱战士必须在战后把自己的装备送给想获得他装备的小朋友。

最后那条规则是硬性的，也就是不管你有多迷恋自己的纸板武器装备，只要小朋友说喜欢，你就必须拱手相送。

“只有输家，没有胜者”既是一个双关语，又说明了大战基调的重要背景。大战真正的角逐并不是最后的“厮杀”，而是纸板模型的制作，因为在这个环节上，比的是谁的手更巧、谁更有创意、谁更能身体力行。一旦上了战场，就无关输赢，追求的都只是那一瞬间毫无保留的快感。无论甲、乙、丙、丁，既然终究都是输家，又为何要纠结胜负？

**日和手帖 > 纸箱大战的粉丝都是哪一类群体？白领、蓝领、运动型的，还是御宅族？**

只要年满 16 周岁，任何人都可以报名参加纸箱大战。

所有类型。不论年龄、性别、工作类型，所有人都能做到，但活动确实有规定参与者必须是16周岁以上。这对小朋友来说虽然有点儿委屈，但也只能让他们等等了，作为补偿，我们开设有儿童兴趣角，让小朋友们都能体验一下当纸箱战士的感觉。纸箱战士的申请面向所有群体，只要对创造与破坏有兴趣的人，都欢迎参与。

**日和手帖 > 有没有参赛选手受伤过？**

游戏的一切行为都受到“活用常识”这条规则的监控，已经足够了，而且条条框框太多会夺走活动本身的活力。非要形容的话，这个游戏的“暴力”程度其实就和那些接触性的体育项目差不多，也可以说是与置身摇滚音乐会狂舞区观众席的感觉差不多。磕磕碰碰在所难免，但都并无大碍，而且“没有胜者”这条规则也缓和了游戏的竞争性与激烈程度，也就意味着降低了受伤的概率。对于前来参加纸箱大战的选手，我们只需要给予他们鼓励，而不是奖励。

**日和手帖 > 有没有遇到让你赞不绝口的纸板模型设计？什么样的元素会让你啧啧称奇？**

“规模”是最能带给我震撼的设计元素。有的纸箱战士会秘密制作规模庞大的纸箱模型。当他们把这些庞然大物展现在我眼前时，我是由衷地佩服。虽然我已经很擅长制作大型纸箱模型，而且也有着丰富的经验，但一旦见到新加入的纸箱战士制作出巨型的作品，还是会觉得相当了不起，毕竟制作这样一件作品要考量的因素很多，像如何寻找足够数量的原材料，如何获得足够的空间建造这些巨大模型，如何将这些庞然大物从工作间运输到战场，等等，所以制作大规模的纸箱模型所要付出的人力、物力、脑力实在不容小觑。

**日和手帖 > 有没有为这个活动制订一些未来的计划？是继续保留现有的规则与格调，还是有做不同尝试的打算？**

我们一直以来都在计划如何将活动办得越来越大。当前的项目之一就是把纸箱大战搬上电视荧屏，把这种饱含了制作者满满的创意与心血的巨型纸板模型与这个巨大的战场塞进小小的屏幕中，通过电视带到世界各地。除此之外，举办更为大型的全球巡回纸箱大战则是我们的终极目标……不过，我们的终极目标或许是寻找纸箱大战的意义所在也说不定。

**日和手帖 > 你在非活动期间一般做什么？**

很多人都会问我，非活动期间我都干什么去了？运营纸箱大战这个活动其实是一份全职工作，也就是说，全年里，除去双休日、节假日，剩余时间全都“耗”在了这个活动上——用纸箱做道具、摆弄创意、尝试不同想法等等。纸箱大战既是一门艺术，也是一种破坏，我很认同这个矛盾百出的概念，甚至可以说是对其充满执念。

每一个纸箱做成的艺术品都让人惊艳。

# The Legend of Hand-Painted Skateboarding World

Interview with

Jim Phillips

# 手绘滑板界的艺术传奇

黄永灿 / 文　吉姆·菲利普斯 / 图
Huang Yongcan / interview & text　Jim Phillips / photo provided

Profile

Jim Phillips

**吉姆·菲利普斯**

1944 年 10 月出生于加利福尼亚，Santa Cruz 滑板设计师，设计了数以千计的滑板图形、T 恤、贴纸和广告，是冲浪和滑板文化艺术的传奇。

PHILLIPS

Jim Phillips 以大胆、夸张、街头并富有想象力的迷幻风格，被滑板爱好者熟知。

Jim Phillips 的绘画作品：三位夏威夷王子的加州冲浪，2002

在滑板文化盛行的美国，Santa Cruz 被认为是最棒的滑板设计公司，这在很大程度上归功于其艺术部门掌舵于 Jim Phillips。有人认为 V. Courtlandt Johnson（威·科特兰·约翰逊）、Pushead（普斯黑德）和和 Jim Phillips 定义了这个时代的滑板美学：Johnson 和 Pushead 推动了滑板血腥点画派的发展，而 Jim 创作了真正的滑板图形词典。Jim 大部分时间生活在圣克鲁斯这个典型的阳光沙滩海浪小城，“尖叫的手”（screaming hand）是他为与家乡同名的滑板品牌 Santa Cruz 设计的徽标，已经成为了该滑板品牌的标签。

Jim 同时是一名漫画师，其作品常常出现在知名的漫画杂志上。Jim 的父亲是美国陆军上尉，鉴于父亲特殊工作的需要，童年时期的他经历过数次搬迁，从一个基地搬到另一个基地，失去了结交玩伴的机会。年幼的 Jim 把绘画视为精神支柱，在电视机还没有普及的时代，报纸的漫画版块成了他爱不释手的临摹样本。他对绘画孜孜不倦的热忱深受祖父的肯定，喜获祖父赠予的卡通速写教材。凭借对漫画的钻研和对迷幻及波普艺术的执着，并接受了专业的艺术课程，他成长为一名极具创意的漫画师。

圣克鲁斯是他第一个真正意义上的家，因为在那儿他交到了一帮志趣相投的挚友。绵长的海岸线和充沛的日照，给整个加州持续灌注着活力，圣克鲁斯的人们最爱的极限运动就是冲浪。定居圣克鲁斯后，Jim 有了大把的时间感受西海岸的冲浪文化，所以冲浪场景也自然而然地占据了他画册的大部分。“视觉噱头”这种表现手法淋漓尽致地展现了他的想象力，他会在白花花的浪尖上画一个笨拙的冲浪者，在其周围增添一些类似鲨鱼鳍、海矿等元素。抑或是画伸出水面紧握着的手，就像溺水的冲浪者。后来，好友们成立了 Santa Cruz 滑板公司，Jim 受邀为品牌做设计而一举成名。作为一名滑板设计师，Jim 以大胆、夸张、街头并富有想象力的迷幻风格，设计了数以千计的滑板图形、T 恤、贴纸和海报广告。

Jim 这样描述自己的艺术：钢笔和墨水产生的艺术被称为平面艺术，对我而言，它就是漫画创作的方式，基于二维平面，它是所有说明性艺术中最为低调的一种，却充满了想象力。

# ››› ‹ JIM PHILLIPS

HIYORITECHO × JIM PHILLIPS

**日和手帖 > 能描述一下你成长为艺术家的过程吗？**

逆境造就了我的艺术之路。我的父亲是美国陆军军官，孩提时代我们家总是从一个陆军基地搬到另一个基地。到二年级时我就念了八所不同的学校，并且课业总是跟不上。通常学校的老师会给差生纸和笔让他保持安静，这一套对我很管用，我总是静静地画画，自娱自乐。住所的频繁变迁让交朋友成为了一件难事，那个时候电视机还没有普及，我就临摹报纸漫画版块里的人物消磨时光。后来，我的祖父听说我喜欢画画，寄给了我一本 Speedball Pen Company 的书，名为 *Pen Tips on Cartooning*。还记得在加利福尼亚看望他时，他总和我做绘画游戏，我们轮流给一张白纸增添绘画元素。祖父是旧金山大学的教授，也是激发我创作天赋的启蒙艺术家。

我整个学生时代都热衷于漫画创作，并且大多数漫画都是冲浪场景。纵然高中肄业，可我却拥有比同龄人更丰富的绘画经验。后来，我们举家搬到加州海岸的冲浪胜地——圣克鲁斯，我的朋友圈子也快速地建立了起来，朋友们常常能按时收到我的漫画，他们大多也知道我这一爱好。20 世纪 70 年代，在圣克鲁斯的几个朋友成立了 Santa Cruz 滑板公司，并邀请我为他们的滑板品牌设计图标和 T 恤。

**日和手帖 > 能说说你的传奇之作“尖叫的手”吗？是什么激发了这一创作？**

20 世纪 80 年代，我还在 Santa Cruz 滑板公司工作，当时公司正在研发新的系列产品，他们让我为 Santa Cruz 速降板设计一个图标。想象一下你正襟危坐在桌子前试图创作，等待灵感乍现，此时你周遭有些什么东西？一张放着空白纸的桌子，是吧？你右手握着的笔即将倾泻而出，转过头看去，就是你的左手了！于是我凝视着我的左手，举起、握紧、舒展……记录它每一种姿态，接着用右手的笔画下它。

手和冲浪顺理成章地成了我漫画的主元素，比如，我会在白花花的浪尖上画一个笨拙的冲浪者，在他周围增添一些类似鲨鱼鳍、海矿等“视觉噱头”；我喜欢画伸出水面紧握着的手，就像溺水的冲浪者。后来我猎奇的想法促使我把尖叫的嘴巴放在手掌中，居然那么富有张力和表现力，“尖叫的手”就是这么来的。

**日和手帖 > 和你的儿子 Jimbo 一起工作的经历是怎样的？**

1988 年，我租下了隔壁的房子，在

那儿设立了工作室，专门为 Santa Cruz 公司干些滑板图案制作的活儿。Jimbo 是我工作室最早也是最优秀的艺术家之一。他童年的时候我们亲密无间，我们一块儿冲浪、玩滑板、收集漫画书和妖怪杂志。后来我开了工作室，他正值青少年时期，滑板文化和漫画创作于他而言可谓耳濡目染。跟他工作我们从不产生歧见，创作探讨倒是我们之间的主要对话。

**日和手帖 > 你认为自己的作品是哪一种风格？**

我儿子 Jimbo 认为我走的是迷幻艺术风格。而迷幻艺术的灵活性很宽泛，我的每一件作品都是不同的，没有整体风格。但是我的滑板作品和冲浪漫画源于我最早的绘画作品，这些作品又受到我在报纸漫画和早期漫画书中看到的钢笔画技巧的启发。我根据我特别喜爱的艺术家，如 Wallace Wood（华莱士 · 伍德）、Bill Elder （比尔 · 埃尔德尔）以及欧共体创作者 Harvey Kurtzman（哈维 · 库尔茨曼）的幽默元素发展了我的墨水绘画风格。

**日和手帖 > 你为什么选择滑板作为实现你艺术设计的平台？**

1965 年，我获得了加州美术学院的奖学金，攻读美术专业。毕业后体会到贩卖画作的艰辛，后来我供职于波士顿的一家设计公司设计摇滚海报，但公司的突然关闭让我面临失业。家人和我搬回圣克鲁斯，在索克尔的兔子农场成立了一个艺术工作室，主要业务是给位于旧金山的会场设计附属建筑的海报。那个时候，工作室的资金来源缓慢，1968 年 4 月，收到了退税款后，我给一个老朋友打了电话，这个老朋友拥有佛罗里达州可可地区的冲浪板制造工厂。由于来到这里工作的圣克鲁斯冲浪板工人众多，可可地区被称为“小

Jim Phillips 与它的创作工具。

AUSTRALIA
Roller Derby
10 SKATE BOARD
ROSKOPP
15·513
19 FGR
84Y

Jim 的工作室，摆满了他亲手设计的作品，色彩缤纷的滑板和海报让人目不暇接。

圣克鲁斯”。打完电话的第二天，我们决定离开旧金山，驾驶着用我的墨水画换来的雪佛兰轿车，驶往佛罗里达州。到达佛罗里达州后，我们在印度河边靠近工厂的地方租了一间小房子，正式安顿下来。

1968 年 12 月 23 日，我儿子 Jimbo 在圣诞节那天在墨尔本医院出生。佛罗里达州一年的工作让我们有了不错的积蓄，1969 年我们举家返回圣克鲁斯，在 Live Oak 购置了房产。我一直在当地商店做冲浪板销售，直到 1971 年开设了一家名为 Phillips & Son Graphics 的自由艺术服务公司，为许多当地客户制作艺术品和广告，而后圣克鲁斯滑板公司也成为了我的客户。

**日和手帖 > 你如何让自己的想法保持有趣？**

我不想做一个灵魂无趣的人。我很享受我的工作时间，同时我会竭力保持丰富的想象力，并制作酷炫有趣的设计。很多时候，我都极力说服客户听取我认为比他们最初想要的东西更好的创意。当他们来看时，我会在工作室中绘制一个创意设计图，这样我就可以很快地通过他们的决策并开始工作。客户们通常也很乐意接受。

**日和手帖 > 你是否受到了某些艺术家的影响？**

如果只说出一位激励我的艺术家，我会选择 Wally Wood（沃利·伍德）。Casal Solleric 2012 年回顾展中引用他的经典言论作为展览引言:“如果我必须再做一次，我会切断我的双手！”这种深刻的情感含沙射影地表现了在淡漠世界中创造顶尖图形的难度。但是，如果让我说激发我创作灵感的艺术家，这个名单可能会超过 100 个，包括 George Herriman（乔治·赫里曼）等早期报纸漫画家、Walt Disney（华特·迪士尼）和数位迪士尼工作室艺术家、Fleisher 兄弟、黄金时代的经典漫画艺术家等。

**日和手帖 > 你还在坚持创作吗？**

有生之年能创造出这么多滑板设计我备感欣慰和激动，这些作品仍然由 Santa Cruz 公司发行。七年前我被诊断出多发性骨髓瘤，也就是骨癌，为此我不得不退休。做艺术也是一件有压力的事情，但是沃利·伍德的那句话常常鞭策着我，我也没有为此驻足懈怠，每天起床我都会思考一下有没有好的想法，然后画下来。我正在进行维持性化疗，我做得很好，现在化疗减少了三分之二。去年在中国也尝试了一些临床试验。

**日和手帖 > 你认为自己是个有“少年之心”的人吗？**

少年之心？我 72 岁了，可我还是个不成熟的人，至少我的妻子这么认为。

**日和手帖 > 最近在忙什么？**

最近几年我爱上了混凝土和砂浆。跟画板打了一辈子交道，我也想去做做户外运动。所以我退休后就开始用我的旧雪佛兰皮卡车拉建筑材料，建造露台、人行道、防腐蚀花园。今天外面下着雨，我不能出去玩儿了。

在 Jim 设计的海报中，经常会出现滑板和冲浪元素的身影，可见他对滑板艺术的热爱。

# Unusual Umbrella Repair Store

# 巴黎修伞店的治愈与浪漫

安卡先生 / 文 & 图
Anka / interview & text & photo provided

Interview with

## Thierry Millet

Profile

Thierry Millet

**蒂里 · 米勒**

法国巴黎 Pep's 修伞店店主。

PEP'S

巴黎给人的印象似乎总是定格在茕茕孑立的埃菲尔铁塔，拖着长长水波的塞纳游船，钟声回响的圣母院，还有熙攘着暧昧暖光的红磨坊。这些形象刻印在人们的脑海里，固定成型。但是，巴黎其实是一座雨伞的城市。

“Les Parisiens（注：Parisien并不限于土生土长的巴黎人，还指所有居住在巴黎的人）portent toujours des parapluies（巴黎人总是随身带伞）。”

今天的Parisien比过去少了些诗意。单调的H&M和ZARA、周四晚上的酒吧Soirée、戴着耳机听着超高分贝的RAP……他们对香颂(Chanson)和法餐少了些热情，独立影院渐渐成了老人活动中心，“旧的不去，新的不来”适用于生活中的大多数物质和感情。这样苛责巴黎人似乎有失公允，毕竟选择这种少了诗意的生活方式的，远不止他们。

伍迪·艾伦拍摄的《午夜巴黎》讲述了一个缺少灵感的美国作家来到巴黎旅行，流连在静谧的星夜梦境中，和海明威聊创作，批评毕加索的画作，甚至还想推着时代的车轮退回20世纪30年代，一步步走向过去。这种怀旧，其实正是巴黎本身最令人无法抗拒的魅力。在巴黎最古老的一条街巷中，Pep's守候在淅淅沥沥的小雨里。推开门，就像走进了一个私人工作室中。高高的柜子里有几十个抽屉，装着各种雨伞配件；另一边的墙上挂着的各式雨伞占据整个墙面，不乏装饰艺术的美感；接待台后面就是一个小的工作台，一块圆形木板底座扎扎实实地托着工具和细碎零件。店主Thierry Millet年过花甲，穿着Pep's的绿色工作服，手里攥着一沓泛黄的信封，不谈雨伞先说起了邮票。

“我很喜欢邮票。很可惜这些都是顾客需要的，我不能收藏。这是我给自己新找的爱好——修理邮票。这里面很有学问的。哪些邮票有价值？怎么从信封上尽量完整地

凭借着高超的工艺，
Millet让许多客人的雨伞焕然一新。

取下邮票？有破损的邮票要怎么修补？”Pep's 再过两年就要和退休的 Millet 先生告别了，先生轻描淡写地解释说这是为自己退休后的生活找点儿新乐子。

放下信封，先生拿起工具开始修一把墨绿色英伦格子的尖头伞。他的表情一下子严肃了起来。

其实 Millet 先生的身份并不总是“雨伞匠”，曾经的他是一家家具公司备受尊敬的总经理。因为是学手艺出身，先生觉得在家具领域可以拼搏出一番事业。他的表现确实不错，一路做到了总经理的职位。但是在一次重要的人事调动中，上级告诉他，他的“手艺和当领导其实没什么关系”，他就这样失业了。40 岁的他陷入了中年危机。丢了饭碗，除了会做些木工活儿别无他长，家里有妻子、孩子，他必须想办法赚钱补贴家用。“我那时候体会到了什么是绝望，”先生从墨绿色伞布上收回目光，捋了捋满头银发，“除了这双手我没有别的技能了，而且我的本能也告诉我，我还是想靠这一双手，用我的手艺去做些什么，养活我的家。失业的那段时间就是迷茫，找不到出路。

“突然有一天，我的朋友非常激动地跟我说：‘Thierry！我找到了一家店，看着这家店我就觉得看到了你。你一定要去看看它！’”就这样，Millet 先生被命运指引到了 Pep's 门前。“我就在想啊，买下一家修雨伞的店这是什么概念？”他眯起眼睛，“当时银行不给我贷款，我觉得可以理解，毕竟大多数人都不知道巴黎还有可以修雨伞的地方！

“我就只能赌上我的小金库啦。而且很幸运的是，当时巴黎有一种新的私人借贷方式，就是富有的人免利息借钱给正在创作或者创业的人，有点儿像博物馆或画廊里常见的 mécénat（资助），限期 5 年将本金还清。没有利息，真的非常棒！

“我就这样拥有了 Pep's，转眼快要 20 年了。

“我从来没学过和雨伞有关的东

Pep's 内部装饰。

Millet 先生与 Pep's 修伞店的合影。

西，和所有人一样！”先生无可奈何地笑了笑，却分明透露着一丝狡黠的自豪感，“但是我可是 Atelier 里出来的学生，我知道我的这双手是干什么的。”

20 年来忙碌于这家小小的伞店里，先生坦言自己和雨伞并没有什么感情联系：“这么说可能不准确。其实是我和雨伞之间没有什么太多有意思的故事，我就是一个修伞的匠人呀，修理的都是别人的伞。

“不过我确实收藏了几把做工极其精美的伞！”先生眨了眨眼，又是那个狡黠的笑容，恍惚间这位银发老人好似电影中的一个巴黎顽童，细数着他收集的彩色弹珠，还要保留一种“我其实不是很在乎”的酷酷的距离感。

“伞的主人和伞之间的故事实在有趣。你永远不知道下一把被送到你面前的雨伞是带着一个什么样的故事进来的。”Millet 先生睁大了眼睛，双手抬起，摊开，又放下，一副很惊喜的样子。

“和伞主人的交流也让我越来越喜欢我的职业。

“很多时候修理一把雨伞是为了实现传承。

“有的人就是不愿意扔掉一把别人眼中破烂一般的旧伞。因为一打开伞，他人生的一段光阴就倾泻出来，一把新伞是绝对代替不了的。

“这种传承很感人。”

先生正抿着嘴回忆曾经修过的古老旧伞时，伴随着一阵风铃声，一位优雅的女客人走进了店里。这是一位 80 多岁的老人，在巴黎灰蒙蒙的冷雨天里，她米色的风衣、布满皱纹的手、粉红色的口红和店里暖黄的灯光交织在一起，有种恍如隔世的复古美感。她掏出一把同样优雅的米色老伞，满眼期待地看着 Millet 先生。

两分钟，这把伞就修好了。“非常感谢！它就像又年轻了一回！”

看到双手捧着爱伞的老人眼中的光芒，Millet 先生按捺不住地嘴角上扬。又年轻一回的可绝不只是这把雨伞，Thierry Millet 先生和 Pep's 本身就充满了浪漫主义的美感。他和它的存在正是在推着时代的车轮走向过去。在一次性消费爆炸的今天，接过一把本可以被丢弃的坏雨伞，这一个动作究竟是因为怀旧而向过去退了一步，还是从精神、美学，或最基本的环境的角度来看，向前迈出的一步呢？

Pep's 本身的装潢也充满了浪漫主义美感。

# >>> < THIERRY MILLET

HIYORITECHO × THIERRY MILLET

正在整理工具的 Millet 先生。

**日和手帖 > 你小时候梦想的职业是什么？**

间谍，我也不知道我为什么想当间谍，可能是觉得非常酷。

**日和手帖 > 为什么有人希望修复他们的伞，而不是换一把崭新的？**

很多人是没有特殊理由的，就是非常喜欢某把属于自己的伞。还有人是来修理自己的传家宝。可能在买时这把伞比较贵，坏了就扔掉会觉得非常可惜。

**日和手帖 > 日本有一个词叫“断舍离”，就是说收拾、丢弃杂物，整理内心的混沌。然而你的工作则是修复好人们会“扔掉的东西”，你觉得两者之间冲突吗？**

不冲突。我们如今制造的垃圾太多了，如果能够通过修补旧的东西减少浪费和垃圾，我觉得是一件非常有意义的事情。而且很多时候这些物件承载着个人的情感联系，所以对拥有者来说也会是一件有意义的事情。

**日和手帖 > 有没有不喜欢修的伞？**

可以说是有的。经常会有顾客拿着一把不到 1 欧元的伞来让我修。说真的，这伞往往本身质量就不好。一开始会觉得有些浪费自己的时间。但是后来想到，修好这把伞就能减少浪费、垃圾，也不失为一件好事儿。所以，也可以说没有不喜欢修的伞。

**日和手帖 > 修伞对你来说，是一份职业，还是其他的存在呢？**

这份工作和我之前的工作很不一样。我觉得 Pep's 更像是一个爱好，我非常喜欢做修修补补的零活儿，因为我当年所在的学校就是教手艺的。

**日和手帖 > 你退休之后准备做什么？继**

**续修理邮票？**

没错，现在我已经开始着手去做了，希望这能让我从Pep's退休后继续忙叨着。而且这是我和我儿子一起做的“事业”。他是搞邮票的，也因为一次偶然的机会结识了邮票界的一位人物，他们就开始一起收集邮票。我也就顺势加入了他们的工作。不知道会做到什么程度，慢慢走走看吧。

**日和手帖 > 你退休之后谁来接手 Pep's 呢？你的家人？**

我的儿子、女儿对我的店都不感兴趣，他们各有各的职业规划。好在去年两位来巴黎旅游的美国人对我的店非常感兴趣，并且已经保证在我退休后接手Pep's了。他们也会来店里培训，为之后独当一面做准备工作。

**日和手帖 > 会不会觉得可惜？一个巴黎的老店被外国人接手？**

不会，完全不会。对我来说最重要的是把修伞的手艺传承下去，至于这个人是法国人、还是美国人，抑或是中国人，都不重要。

在Pep's，可以看到各种各样的精致雨伞。

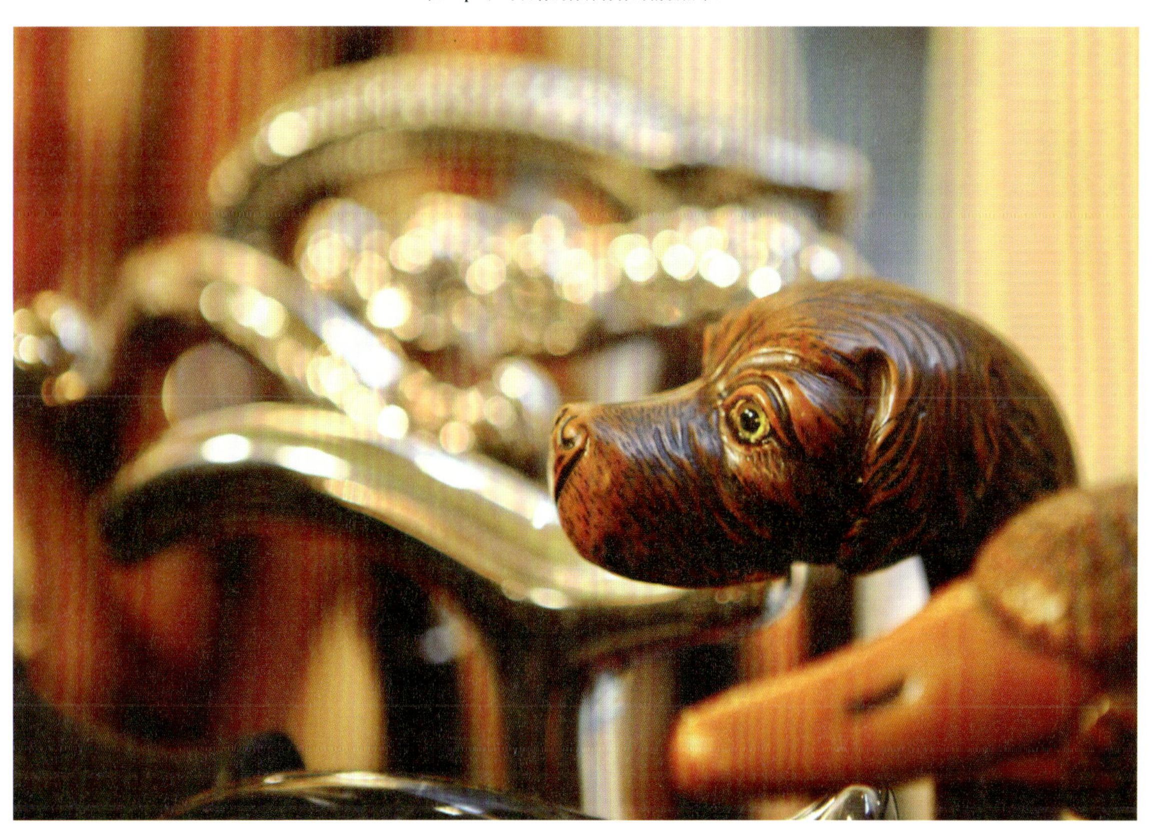

每一把伞对 Millet 来说都是一个动人的故事。

# "Nesting Artist" Who Connects Nature and Leads to Eternity

# 连接自然的筑巢艺术家

陆冉 / 文　杰森·范 / 图

Lu Ran / interview & text　Jayson Fann / photo provided

Interview with

## Jayson Fann

Profile

Jayson Fann

杰森·范

美国人，现居加利福尼亚州，视觉艺术家、音乐家。

“筑巢”是一项原始的艺术。

从有钱人后院玩具到公共装置，再到当代艺术品，人类的“巢穴”越来越频繁地出现在人们的视野中。

Jayson Fann 是一位非常有成就的视觉艺术家、音乐家、摄影师和课程制作人。这项视觉工作的重点，是用他集视觉与表演艺术为一体的作品创造出相互影响的大型装置艺术。在这近 25 年来，Jayson 已经制作了数百个世界级的国际多元文化产品和教育项目，他的作品由一些世界上最优秀的视觉和表演艺术家参与表演呈现。

Jayson 以其巨大的编织建筑雕塑"精神之巢"而闻名，它们在全世界超过 50 种出版物、电影、广播和电视中都有报道。他和他的团队从自然界的筑巢中获得灵感，用上千条桉树枝建造，建筑学与自然精神交织出优雅与美。

Jayson 连续 9 年担任艾萨伦国际艺术节的创办人和总监，是大苏尔花园国际艺术文化中心的创办人和主任。他曾担任 First Night Monterey（加利福尼亚州蒙特雷的非营利组织）的视觉艺术总监，并在 2015 年获得蒙特雷艺术委员会颁发的年度艺术大奖冠军及专业艺术家奖。他在艺术领域的跨文化桥梁建设贡献也获得了加州州议会的认可证书。

目前为止，Jayson 已经在全国总共搭建了超过 50 个"精神之巢"，其中一部分在大苏尔的度假村，售价每晚 110 美元的巢穴总是被预定满。曾经有《纽约时报》的记者在大苏尔的巢穴中度过一晚，他形容道："巢穴由桉树枝编织而成，四根粗大的柱子支撑起整个巢穴，我在悬崖边上俯瞰太平洋海岸边公路高低起伏。北风在树枝缝中呦呦作响，雾气落在我脸上和睡袋上，我可以从巢穴的入口处看到星星，喇叭声从远处传来，宛若一支摇篮曲。"

从有钱人的后院玩具到公共装置，再到当代艺术品，人类的巢穴越来越频繁地出现在人们的视野中。Jayson 建造的巢穴和用钢筋混凝土建造的建筑一样坚固，利用树枝和天然涂料又使得其在荒废后也可以进入到泥土中被分解。生物学家兼作家 Janine Benyus 曾说："生物学里教导，我们所创建的任何结构都是一个巢。对我而言，这是一个伟大的生物结构。"

在奥马哈普拉特河边长大的 Jayson 过去常常把树根和树枝拖到衣柜里搭建出他想要的模型。13 岁时，他受到《黑麋之语》一书的影响，开始对美洲印第安文化和其他土著民族的文化产生兴趣。他开始在当地的部落仪式上自愿参加名为"太阳舞"的活动，帮助搭建仪式中需要的类似凉亭的一些小建筑，这算是他搭建"精神之巢"之前的练习。

25 年前，他搬到了位于加利福尼亚的大苏尔和伊沙林研究所，并成为那里的艺术谷仓协调员，开始协助尼日利亚鼓手兼活动家巴蒂德·奥拉图兰芝。Jayson 的第一个巢穴是一个足以容纳 20 人的巨大桉树巢，为了纪念去世的奥拉图，他将其展出在 2003 年的国际音乐节上。

除了是一位巢穴建造者，Jayson 还有另外一个重要的身份——音乐家，他擅长打击乐器。他从 4 岁开始学鼓，深受古巴黑人民间音乐、加纳音乐、约鲁巴音乐、爵士音乐、嘻哈音乐、巴西音乐、弗拉门戈音乐和中东音乐的影响。

他曾与多个团队在世界各地进行巡回演出，足迹遍布瑞士、挪威、突尼斯、巴西等十几个国家，与传奇鼓手巴蒂德·奥拉图兰芝等多位重要艺术家都有过合作。2016 年，他参与了 Akuyoe Graham 的自传秀——"精神的觉醒"的音乐演奏。Akuyoe Graham 曾是加纳一个皇家部落的公主，后来被带到伦敦长大，之后辗转到纽约成为了一位年轻演员。最近 Jayson 正带着自己制作的大型鼓作为独奏者参与约翰·瓦恩格拉斯交响乐作品——"大苏尔：夜之日"的巡演，约翰·瓦恩格拉斯是一位音乐家和作曲家，获得过艾美奖。

Jayson 在最近的一次表演结束后说："这扇窗户打开了，我们一起做这神圣的、有治愈力量的工作。我们是时间织锦中的线，音乐和'精神之巢'一样，是一种表达爱的方式。我们不演奏音乐，我们就是音乐，我们生来就听着地球母亲的心跳。"

Jayson 在环境和国际多元文化教育领域拥有广泛的认知，特别是艺术领域。20 多年来，Jayson 一直担任着文化组织、社区非营利组织和学校的组织者、教师、项目主管和特别顾问。他对学习与分享知识的爱与热情，也是他作为艺术家创造作品的动力源泉。他还曾担任特别顾问，在加利福尼亚州立大学蒙特雷湾任教，在旧金山州立大学、旧金山大学、伊沙林研究大学以及许多其他国际学校和中心发表过演讲。

现在，Jayson在Bay View Academy中担任访问艺术家。他参与的课程包括鼓乐、舞蹈、建筑、绘画、雕刻、冥想、故事分享。他带领学生探索音乐节奏和创作的各个方面，一起利用树枝、竹子、葫芦等天然材料制作乐器，并将这些融入学校的展览和表演中。

他说："自然万物有着它独特的语言，我建造的'精神之巢'从树枝的语言中来，我的音乐，制作的乐器也从自然的语言中来。"而这种将自然、艺术、音乐、科学、数学、物理、建筑学结合起来的教育形式，得益于 Jayson 对华德福教育的熟知。

华德福教育是一种人性化的教育方法，它以自然教育为主，基于创立人智学的奥地利哲学家 Rudolf Steiner（鲁道夫·史代纳）的一种教育哲学理念。Jayson 强调他的教育与之区别之处在于，华德福教育更偏向于欧洲教学方式，学生也大多为欧洲人，而他的学生是来自世界各国的，所以他的教育呈现出多元文化性以及普适性。

"精神之巢"有一种永恒的精神力量。

# >>> < JAYSON FANN

HIYORITECHO × JAYSON FANN

**日和手帖 > 你说你从小时候便开始搭建巢，你还记得是哪个瞬间使你产生了这个想法吗？**

小时候我母亲经常带我到普拉特河边，我看到河边的那些树枝就直觉性地想要玩、想要搭建一个巢穴，所以我会把它们收集起来，有时候我还会把它们带回家，在衣柜里建巢，可能是因为觉得巢穴能让人感觉安全，我想这是一种我们人类进化遗传在基因里的东西。

**日和手帖 > 你在美国各地已经建造了超过 50 个巢穴，你是怎样做到创造出这么多形状不同的巢穴的呢？你从哪里获得的灵感？**

自然界中的万物都有它独特的语言，自然是我们最初的老师，也是最好的老师，我的设计灵感全都源于自然。最直观的是鸟类搭建的巢，它们没有像我们一样的手脚和工具，却能用它们那小小的喙建造那样精致的巢。夜晚你抬头看看星空，那里也布着无穷的玄妙，当然，要用到几何学的知识。再看看我们的掌纹，都是有迹可循的。

**日和手帖 > 你建造巢穴的初衷是什么？"精神之巢"仅供观赏还是人们真的可以住进去？**

最初建造巢穴只是一种本能、直觉，后来我看到一本书——《黑麋之语》，我开始对美洲印第安人的文化和其他土著民族的文化产生兴趣，之后我开始在当地和部落里的人一起搭建仪式需要的一些建筑，这让我感到一种神圣，以及和自然之灵的连接。

我常年生活在加利福尼亚，海岸边的桉树生长繁盛且极具侵略性，我用它们的树枝建造巢穴还能维持生态平衡。在大苏尔有一个露营的度假村，里面有几个巢穴，人们可以住进去，它们很受欢迎。

**日和手帖 > 修建"精神之巢"对你来说意义是什么？你把它当作一种职业还是追求的理想呢？**

我相信人与人之间、人与自然之间、自然界中的万物之间都有"连接"，这种连接，是通向永恒的，只是有时候我们需要找到一种途径来实现它。修建"精神之巢”是我找到的其中一种方式，就像这个名字一样，我希望看到它们的人、住进它们的人，都能感受到这种“连接”，这对我来说意义非凡。当你抬头仰望星空的时候，那里是否有宇宙的尽头？而我们充满奥秘的生命又是否有尽头？许多哲学家都企图给出一个答案，但永恒本身的属性就是揭示它的答案。它无穷无尽，不能被质化也不能被量化，这也是我将巢穴取名为“精神之巢”的原因。精神，就是源于永恒的，它伴随着生命的呼吸。

我没想过修建巢穴对我来说会是一种职业，就像你问作家，写书是你的职业吗？我想真正的作家大多会回答，这是一种内心冲动的表达。

**日和手帖 > 为什么选择成为一名教育者？**

教育可以传递知识给更多的人，我们人类的文明不就是通过知识的传递和积累建立起来的吗？每个人来到这个世界都有他自己神圣的使命，我想这就是属于我的那份使命，我的学生分布在幼儿园到大学，事实上我最喜爱的是上幼儿园的孩子们，他们眼里透着光，那是一种好奇、求知以及乐在其中的感觉，这是我们大部分人缺失的东西。我相信每一个小孩，特别是幼儿，更接近宇宙知识的本源。

**日和手帖 > 作为一位有着几十年经验的课程设计者，你的课程有什么特点？**

我的学生是来自世界各地的，所以我们的课程体现出更大的文化多元性。而我大部分的时间都致力于将自然界中的多种元素融合起来放入课程中，我的角色就是激发这些孩子心中的爱。

对于 Jayson 来说，修建“精神之巢”是连接人与大自然的一种方式。

高韧性的桉树枝条能使建筑物更持久

Jayson 用搭建巢穴的方式建造的吊椅。

我和学生最近在做的一个项目——"监狱"，正如字面上的意思，这就是个"监狱"，我们把自然界中的多种元素放在一个个圈内，这些天然的、有机的物质包含着自然的力量，这对孩子们产生了很大的影响，听起来有点儿严肃，但这给我们带来了你想象不到的愉悦。

**日和手帖 > 你希望你的学生们从课程中学到什么呢？**

带着那些永恒的知识，用他们所有的力量做生命之灵的守护者，他们每个人都有力量能让这个世界变得更美好。我希望他们能学会谦卑、尊敬、无私，面对这个世界时常怀着悲悯之心，跟随他们的直觉，听风的旋律、水的音乐、万物的语言。

最近我在为这边的老师设计一种全新的课程，据我所知，这在世界上是前所未有的，不过这要基于一些永恒的知识，也是"神秘"的知识。引用爱因斯坦说过的话："我们能体验到的最美丽的东西是神秘的，它是所有艺术和科学的源泉。对一些人来说，这种感情就像是个陌生人，他无法停下来为之惊奇，无法停止怀着敬畏之心全身灌注于这种惊奇，他就像死了一样，闭上了眼睛。"

**日和手帖 > 能和我们分享一下在和学生们一起学习、生活的过程中，发生过的令你印象最深刻的事情吗？**

我和我的学生们经历过一次惊心动魄的事件。就在前不久，由于帮派暴力，村子里有超过 40 个人被杀害，那段时间我们躲在课桌下，锁上教室的所有门窗，那真是一种无法想象的恐惧，我永远也忘不了。

我也和一些无家可归的、从监狱里出来的年轻人一起工作。我相信我现在所做的工作有着十分重要的意义，那些知识连接我们内心深处的爱，它有治愈作用，是可以让我们远离暴力，拥有归属感的一种途径。

**日和手帖 > 你最近在搭建新的巢穴吗？能和我们透露一下吗？**

我是一个乐器制作者，也是鸟巢搭建者，我现在正致力于将这两者结合起来，我的新视角是搭建一个乐器形状的巢穴。

我最近也在加州大学圣克鲁斯植物园里做常驻艺术家，我与我家附近的一些教育机构合作，用竹子制作鸟巢，搭建舞台并和我的学生们一起表演。同时我也在设计一种可以移动的"精神之巢"教室。

**日和手帖 > 你对未来的计划是什么？**

写一本书，并设计一种新的课程，就是前面我提到的可以移动的教室。然后，环游世界吧，特别是中国和日本，我一直都很想去这两个国度。也想去见一些兴趣相投、对我的作品有相似想法的艺术家和教育工作者。

Jayson 认为自己现在所作的事情有连接自然、治愈心灵的作用。

# The Oldest Team on the E-Sports Field

# 史上最老电竞职业战队

刘雨 / 文　银色狙击手 / 图
**Liu Yu** / interview & text　**Silver Snipers** / photo provided

Interview with

## Silver Snipers

Profile

---

Silver Snipers

**银色狙击手**

瑞典 CS:GO 职业电竞团队，战队由一群 57 岁至 75 岁的老人组成，是世界上年龄最大的职业电竞团队。

你是否曾设想过，60多岁的自己此刻正在做些什么？任你列举出五花八门的答案，应该也难找出这样的字眼——“职业电竞”。在斯德哥尔摩，一群老人以这样鲜活生动的途径，剥离出这个年纪固有的状态，向世界展示了自己炽热的少年之心。

打开 Silver Snipers 的官方主页，银发、花白胡子与鲜活的标语之间有种冲突的美感，胶原蛋白不再驻留的脸上，目光仍深邃抓人。这支来自瑞典斯德哥尔摩的 CS:GO 战队，队员的年龄在57岁到75岁之间。2017年组成之初，年龄最大的甚至达到81岁，而后团队成员经历了一些更替，截至目前，战队队员的平均年龄超过了67岁，是目前年龄最大的 CS:GO 职业战队，由5名老人组成。相当有意思的是他们的账号名，分别是“扣扳机之指”“小鸟”“青少年杀手”“旋风”“幼枪”，你根本无法从这些或童趣或热血的名字推断出屏幕背后坐着的竟是些耳顺之年的老人。

2017年，Silver Snipers 出战了 DreamHack2017冬季赛，在比赛中备受关注。人们戏称他们为“夕阳红战队”，但抱以的是欢迎与欣赏的态度。作为一个需要消耗大量精力的游戏，老人们不仅需要付出体力与耐力，还有三维感知、团队配合与瞬时反应的考验，所以年龄带来的弱势不可避免。作为世界上最大规模的电子竞技线下聚会，来参加 DreamHack 的职业团队都实力非凡。在与年轻人的对抗中，老人们不免有些吃力，但现已退役的成员，63岁的“编织骑士”Wanja Godänge 淡定地说：“如果那些年轻人低估了我们，那就会有大乐子了。”

在官网上公开的成员数据显示，62岁的 Monica Idenfors 目前的游戏时长为321个小时，游戏时长与 K/D 率都处于团队领先的位置，她擅长的是战略分析，“在生活中做一个战士，而不是忧心忡忡的人”是她的座右铭。而 Inger Grotteblad

他们诚然不再年少，却还是少年。

Silver Snipers 每位成员的平均累计游戏时间在 60 小时左右。

的格言则是“别让梦想与敌人逃走”。团队中的两位年龄担当——75 岁的 Abbe Drakborg 与 Öivind Toverud 看起来一脸憨态与慈祥，前者告诉我们：“冷静是一项超能力。”后者的格言则简短有力：“活着、发笑、爱与杀敌。”尽管老人们的战绩与年轻的职业选手仍有差距，但比数据更打动人心的是他们的斗志与勇气。

当我看到这群白发苍苍的老人全神贯注打着电竞的时候，不禁想起少年时的自己在任天堂游戏前的痴迷与渴望。真正让人感到暮年的，往往不是年龄，而是失去渴望与活力。我们无意去干涉任何一种存在的生活方式，但如果说什么是少年之心，大概就是未受经验桎梏的自由不羁，越挫越勇的热血和对未来的翘首以盼，是始终在路上的状态。少年不畏世事纷杂，反而从中抽离出无限可能性，人们都说 30 岁已经是电竞选手职业生涯的结点，但是银色狙击手的老人们相信着那些少年时才会相信的事，“年龄仅仅是个数字”被他们挂在嘴边。他们仍然为提高游戏技术全力以赴，仍然会向对手放狠话，仍然把精力不吝赠予爱好，仍然相信梦想不会终止，把握着生命旅途余下的所有景色，他们诚然不再年少，却还是少年。

你永远都是曾经年少的你，唯一不同的只是你的阅历增多和你的外观老化。

# >>> < SILVER SNIPERS

HIYORITECHO × SILVER SNIPERS

**日和手帖 > 很好奇你们开始玩这个游戏的契机和感兴趣的原因。**

Silver Snipers 作为拥有 5 个不同个体的团队，我们有不同的答案。一切都始于偶然在一个网站上看到瑞典联想正在寻找那些对反恐精英感兴趣的老人，并致力于打造世界上第一个老年反恐职业电竞团队。我们都对不同的战略性电脑游戏好奇和感兴趣，也想尝试一些新鲜事物。我们认为自己非常符合条件。所有老人都曾是酷家伙，不断变化的只是外表。我们想成为其他老人的典范，来表明年龄仅仅是个数字，我们也都想把握这个机会来找些乐子。

对于我们来说，它是一个训练反应能力和行动技能的完美方式，同时它能使你犹如置身于真实的动作游戏之中，体会到类似的情绪，带来肾上腺素的刺激。我十来岁的孙子们都很擅长这个游戏，我也早就想尝试一下，可他们认为我无法驾驭这个游戏。但当我看到这个广告并申请的时候，他们都认为这很酷。对我来说，这是一种可以更好接近他们和交流的方式，因有着共同的兴趣而产生信任与尊重。我并不想在他们面前做一个权威人物，而是想融入他们的世界，了解他们的生活。

**日和手帖 >Silver Snipers 听起来很酷，是谁提出来的名字？它有什么含义吗？**

是我们头脑风暴的产物。狙击手就是字面意思，而银色是我们头发的颜色，也表明了我们还是这个游戏的初学者。

**日和手帖 > 能谈谈你们日常的训练吗？以及你们如何提高游戏技能水平？**

我们和总教练 Potti 一起组成了训练营。他曾获得十届 CS:GO 竞技比赛的冠军。他会指导我们作为初学者应该避免一些什么陷阱，以及一些游戏技巧。我们每个人都收到了联想"军团"游戏电脑，它非常适合打游戏，这使得我们有在家里练习的条件。我们在不同的地图和射击场练习，一直练习、练习再练习。随着不断练习，我们的技能每天都在提升。我们中的一些成员在网上与其他玩家聊天，学习一些术语，还有一些把他们的孙子当作私人教练。另外，我们也会相互对抗，并且我们的团队合作非常棒，在比赛中我们都会互相扶持。我们团队的座右铭是：我为人人，人人为我！

**日和手帖 > 作为年龄最大的电竞团队，有遇到一些因年龄带来的阻碍吗？**

并没有！我们曾被一些拥有多年经验的年轻团队击败，目前还没有机会扳回来。此外，我们不认为我们遇到了任何因年龄带来的问题。我们致力于将 CS：GO 发展为老年人永久的游戏，因为我们是计算机知识丰富的新一代老年人中的一部分。我们可以开辟新的天地，树立一个好的榜样！

**日和手帖 >2017 年你们参加了 DreamHack 冬季赛，能回忆一下最让你们震撼或是印象深刻的瞬间吗？**

令我们震撼的是年轻人带来的气氛以及他们对待我们的方式。我们感受到了他们的欢迎和赞赏。一切都是势不可当的、充满爱和令人震撼的，我们仿佛被当作摇

他们一直都认为自己很年轻，这种感觉从来不会改变。

滚巨星一般被对待！所有的光都照在我们身上，真的。我们感觉到年轻人正在等着我们，并心想：你们终于来了！现在开始让我们向你们展示关于我们的世界！

**日和手帖 > 在开始玩 CS:GO 之后，你们的生活有什么变化吗？家人和朋友对你们玩游戏的态度是什么？**

世界正随着新技术的发展而变化，而老一辈也得跟上这种变化。你必须敢于尝试新事物，从中你会发现它既有趣又有教育意义。在我的家庭，尤其是孩子和孙子，为我们加入 Silver Snipers 而感到非常骄傲。他们非常支持我们，并且我们的关系变得更为亲密。而我们的同龄人则对我们的所作所为感到新奇，想知道我们是如何被年轻一代所接受的。

**日和手帖 > 未来你们有什么计划？继续参与电竞吗？**

只要我们仍然健康就一定会继续参与下去。我们希望保持这种团队归属感，以及消弭代际之间的界限与差异。敢于犯错误，你会发现它只会给你带来尊重感。同样重要的是，要时常运动，因为这对大脑也有好处。

**日和手帖 > 你们如何定义“少年之心”？有什么想告诉那些不再年轻的人们？**

实际上，我们一直都认为自己很年轻，这种感觉从来不曾改变，你永远都是曾经年少的你。唯一不同的只是你的阅历增多和你的外观老化。但你永远得保持曾经的自我，勇于去打破一个固有的老年人生活模式。现在正是时候，我们不再有很多欲望也不再需要工作，我们拥有自由，可以去做我们所喜爱的。行动起来吧！学习融入年轻人的生活，而不是看不惯他们，他们值得你尊重。而当你给他们尊重，同样会得到他们的尊重和欣赏！年龄，仅仅是一个数字！

他们想来表明年龄仅仅是个数字，也都想把握这个机会来找些乐子。

# Once in a Life Time, To See Zoppé Circus

# 人生至少一次，去看一场 Zoppé

陈接 / 文　里克·普度 / 图
Shizuka Hayashi / interview & text　Rick Purdue / photo provided

Interview with

## Giovanni Zoppé

Profile

Giovanni Zoppé

乔凡尼·佐佩

Zoppé 马戏团主理人以及当家小丑，Zoppé 马戏团是由家族经营超过百年的传统意大利马戏团。

1842年，一个年轻的法国街头艺人在匈牙利布达佩斯的广场上寻找表演机会，他左眺右望的目光瞬间定格在了广场内一位表演骑术的美丽芭蕾舞者身上，芭蕾舞者精湛的表演技术收获了旁观者的赞美声，攫取了众人的心神，当然也包括他。随后两个年轻人恋爱了，由于女方父亲极力反对，坠入爱河的两人私奔到了意大利水城威尼斯，在当地开创了属于他们的马戏团。这个听着像是卓别林电影里的悲情喜剧，正是马戏团Zoppé的原型，而这位街头艺人便是Zoppé马戏团的创始人Napoleone Zoppé（拿破仑·佐佩）。

100年后，Napoleone的曾孙Alberto Zoppé（阿尔贝托·佐佩）带着这个意大利家族马戏团不断在欧洲各地巡演。随后，他于20世纪中叶只身来到美国，参与了多部电影的演出以及多部马戏作品的创作。赴美后十多年过去，Alberto决定在美国重新开展Zoppé家族的马戏团事业，此后他再也没离开过Zoppé的马戏舞台，直至人生谢幕的那天。

如今，Zoppé马戏团已是经过家族六代人的经营，走过了175年的路程。从父亲Napoleone手中接过马戏团的Giovanni Zoppé（乔凡尼·佐佩）成为了新一代马戏团小丑，他为自己的小丑取名为“尼诺”。他说，他能理解世人眼中小丑的悲情，但他从来不觉得那种悲情是自己的，恰恰相反，尼诺是他最纯粹的自我，真实而天然：“希望给人带来欢笑是我的人生期许，这个期许自我出生便存在于我的血液里，做尼诺就是在做我自己，我的戏如人生，所以可以投入得无憾无悔，不遗余力。”

马戏表演并非是关乎灯光、音响和视觉效果，而是在于对家庭联结以及一种更内在的情绪的探索。

Zopp é 生来就是为了竭尽所能，给帐篷内的世界与走入帐篷的观众倾注所有的快乐。

# >>> < GIOVANNI ZOPPÉ

HIYORITECHO / GIOVANNI ZOPPÉ

**日和手帖 > 是什么激励你肩负起复兴马戏文化这一任务的？**

马戏团的复兴是一种趋势，有我无我都势在必行，但在将真正的马戏精神传承发扬这件事上，我的父亲一直都是我的灵感来源，即便他已离世 9 年，他传奇的一生始终是我精神上的鼓舞。虽然如今有人会用 Zoppé“掌门人”来形容我，可我始终无法适应这种赞美的称谓，因为对我来说，我的父亲才是 Zoppé 马戏团的“掌门人”。我习惯时不时地往纵深思考——我们的家族在 175 年前如何开始马戏团事业，又是如何走过这 175 年的，每次思考过后，总觉受益良多。

**日和手帖 > 与以前的演出节目相比，现代 Zoppé 为观众奉上的表演有什么不同之处？**

现代 Zoppé 呈献给观众的内容与 100 多年前的内容并无太大差异，虽然世间人事不停地改变，但 Zoppé 并没有将这种大势当作必然，我们保留并延续着马戏里传统而优质的部分，既然优质，就没有改变的必要，只需发扬。事实上，我们一直尝试将马戏团的表演带回到家族最初在创立 Zoppé 时的感觉，所以除了加入一些别致的灯光效果与声效设备外，演出的内容，据我所知，基本上与百多年前无异。我们试图向观众凸显演出的热情与传承马戏文化的目的所在，因为马戏表演并非关乎灯光、音响和视觉效果，而是在于对家庭联结以及一种更内在的情绪的探索。

**日和手帖 > 生而继承家庭事业，你是否为此纠结过？是否后悔没有尝试更多本可拥有的人生选择？**

不，从未为此纠结过。除了这条路，不会再有别的人生选项会让我义无反顾地去选择，对此我确信无疑。每次演出，我从马戏表演台望向观众席，只见有些家庭几世同堂，从未满 1 岁的婴儿，到十几岁的青少年，再到父母、祖父母一辈都因为我或者台上其他艺术家的某个举手投足或创意想法而喜从心生、开怀大笑，便深深知道，没有比这更能让我们感觉良好，更能让我们体验到自身价值的事情了，所以后悔没让自己选择其他人生道路的情况一次也没有过。

当然，我也尝试过其他类型的工作，曾在一家桁架公司为房屋搭建桁架，结果只做了不到三个星期，就头也不回地离开了。每日进行着同样的操作——在同一个时间点休息，在同一个时间点再作业，在同一个时间点吃饭，在同一个时间点返家，返家后只能如死鱼一般瘫倒在沙发上，一日中剩下的时间再无意义，因为身心早已像被磨损的齿轮一般，难有转动之迹，心力渐失，创意全无。无论是过去、现在还是将来，我都无法如平常人一般，以朝九晚五、一成不变的模式诠释自己的人生。我生来就是为了竭尽所能，给帐篷内的世界与走入帐篷的观众倾注所有的快乐。观众的笑容于我而言就是最大的褒奖。帐篷之外不会有承载我人生意义的其他可能。

我从未将自己束缚于马戏团里，准确来说，是马戏团将自己牵系在了我的人生当中。我生于马戏团内，长于马戏团内，如今仍旧生活在马戏团里，终有一日也会在这里死去。这是我的轨迹，也是活着的意义。

**日和手帖 >Zoppé 既然是一个家族马戏团，那么，你从家人处获得了什么样的支持与鼓励？**

没有他们，我无法让 Zoppé 成为今日的 Zoppé，也无法让 Zoppé 成为真正意

如今，Zoppé 马戏团已是经过家族六代人的经营，走过了风雨同舟的 175 年。

人生至少一次，去看一场 Zoppé 马戏。

义上的家族马戏团，光是他们的并肩而行，就已经给了我足够的动力继续前进。我的母亲负责在每次演出开场时给予观众最热情的欢迎。我的姐姐是 Zoppé 的艺术总监，姐夫则是技术总监，负责现场的硬件技术，像是场地的规模与帐篷的搭建等，而我的妹妹与妹夫则是马戏团的演出成员。他们各司其职，为马戏团做出的贡献无法斗量，我在这样的支持下才会拥有今日的舞台，让这个能容纳 500 名观众的帐篷运转自如。

Zoppé 走到今日今时，累积了家族六代人的精力与心血。自年轻的法国街头艺人 Napoleon Zoppé 于 1842 年种下马戏艺术这颗种子起，地球已公转了 175 圈，这个家族的向心力始终牢固。每一次演出都让这个大家庭更加团结紧密。我们朝着全然一致的方向努力，希望给前来马戏团的观众带去欢笑与愉快。

**日和手帖 > 你如何做到始终保有动力和保持心态上的积极，又是如何向观众保持 Zoppé 马戏团的新鲜度？**

给我的内心注入源源动力的并非我，而是观众。因为他们的存在，他们的支持，才能让我拥有持续活着的感觉，让我能继续做想做的事，也让马戏这种魔术般的表演艺术得以生存。

虽然滥竽充数的劣质马戏团一直都有，但在过去的二三十年里尤甚，所以让世人认识真正的马戏团成了 Zoppé 存在的动力与任务，而这个任务也从我的父亲 Alberto Zoppé 交到了我的手中。我也在其他马戏团演出过，虽然为数不少，但在我参与过演出的大部分马戏团内，观众的反应都与在 Zoppé 帐篷内的观众反应差别甚大，我们更走心，所以观众们感受的也是心，给予的回应自然也会很走心。

**日和手帖 > 人长大后，会渐渐失去童趣与天真，会慢慢忘了初心，原来看什么都觉得兴致盎然的双眼，会因为生活中太多的干扰与沉重的负担而变得焦点涣散，曾经轻而易举就能获得快乐的心也因为金钱、名利、色性与无奈而变得麻木不仁。看到这样的转变，你是否会感觉泄气或无助？ 如此现世，作为马戏团小丑的你，肩上的任务是否变得艰难？**

在如今这个急功近利的世界，政治与利益气氛充斥着每个实质的角落，也充斥着每个心灵的角落，小丑的任务确实越发困难，而小丑的任务恰恰是要给世界、给众人带来暖心的欢乐。至于我是否在尝试给人带来幸福感的道路上泄气过，我想应该是没有，因为从我还是两个月大的婴儿时期起，喜感这种东西就一点一滴地被灌输进我的思维里，从未间断过。我一直都觉得自己与小丑之间是一个等号，并不是代入号，我即是小丑尼诺，不需要故意去扮演。每次在台上变身小丑尼诺，其实就是扮演我自己。我的全名叫 Giovanni Zoppé，但在意大利，人们都喜欢对起这个名字的孩子昵称为 Giovannino（乔凡尼诺），所以我取了此昵称的后两个音 Nino（尼诺）作为我的小丑名，其实也传达了小丑尼诺就是我自己这么一个想法。

**日和手帖 > 马戏团更多是一种西方文化，对于亚洲的观众来说，对于马戏文化的理解，特别是对于“小丑”这个角色的理解或许还相当浅，所以能否请你用自己的语言描述一下你理解中的“小丑”？要成为一名小丑，需要拥有什么样的灵魂特质？你如何诠释属于你的“尼诺”？**

在我看来，小丑的灵魂特质就是扮演者的人性特质，这种特质不是被刻意创造的，若刻意扮演，便不会有自然的效果，也就无法走心。真正的小丑，像是查理 · 卓别林（Charlie Chaplin）与罗宾 · 威廉姆斯（Robin Williams）的喜剧天分都是流淌在他们血液里的，与生俱来的。

我的父亲 Alberto 也是一位相当了不起的小丑，是他教会了我如何将心比心，让我懂得真正的小丑就是对自己生而为人的本身的真实映射。也就是说，我的“尼诺”即是我的戏，于我而言，戏即是人生。

**日和手帖 > 虽然“去看马戏”这个概念对当代人而言，已经变得不再如以前那般有吸引力，文化疏离感也日益浓烈，但在生活选项如此纷繁的世界里，还是有人愿意并坚持去看马戏演出，保持这种文化传统，你觉得原因何在？**

这个问题很有意思。的确，与我的幼年时代相比，如今外部世界的诱惑实在太多太多，各种体育竞技、彩票赌博、狂欢派对、网络电玩……人们热衷于最大限度地利用有限时间，将每一秒都塞满行程，以至于没给自己留下任何空闲去体验真正的生活，聆听心之真实所想。

我无法以一概全地去回答为什么依然有人愿意观看马戏演出，但我可以尝试去理解为什么依然有人愿意来到我们的马戏团，其中最重要的原因是儿童观众的意愿，孩子们的初心所向，因为他们被马戏的灵动所吸引，所以家人愿意带他们前来，看了第一次，就会想要再看一次，因为他们在这里获得的体验是直接而真诚的，抵达心底最柔软的地方。对一部分小观众来说，这样的童年经历或许比其他人更深一点地刻在了心底，任凭时间冲刷也无法抹去，一直陪伴他们长大成人，在他们被物质生活压得喘不过气的时候，关于 Zoppé 的童年回忆就会成为某种精神安慰与支撑，所以即便长大成人，他们也愿意回到这里，寻找最初的那份纯真与感动。

**日和手帖 > 能聊聊你的父亲 Alberto Zoppé 吗？是什么支撑着他一路经营？又是什么让他在台上坚持表演至耄耋之年？**

我的父亲 Alberto，1922 年出生于意大利，是 Zoppé 马戏流派的创始人，法国街头艺人 Napoleone Zoppé 的曾孙，非常擅长马上杂技，骑术精湛。父亲曾受美国电影人 Orson Welles（奥逊 · 威尔斯）的邀请到伦敦参与某部电影的演出，并在伦敦停留期间获得了美国玲玲马戏团的工作邀请，这在当时是颇为了不得的事情，毕竟在 19 世纪至 20 世纪，玲玲马戏团与纽约大苹果马戏团、太阳马戏团合称为世界三大马戏团，地位之显著可想而知。

Zoppé 毕竟是一代接一代的家族马戏团，而且生根意大利，所以父亲开始并不愿意转战美国。但身为马戏团原动力的他最终还是到了大洋彼岸，而被他留在意大利的马戏团也在他离开的三四年后解散。

他在美国生活期间，曾为许多马戏团与艺术家进行过创作，在移居美国的十多年后开始复兴 Zoppé。在马戏团的经营方面，他与我一样，都收获了来自家庭的全力支持。他对于马戏表演矢志不渝的热情也并未随他的离世而消失。在他演出生涯结束后的 7 年间，每次 Zoppé 演出，属于他的那把椅子总会被摆放在布幕的后方，陪同我们一起开始，一起谢幕。

**日和手帖 > 你的父亲是如何从技术与心理层面，对你进行马戏表演指导的？**

这么说来或许有点奇怪，但他并未教过我什么，却又是他教会了我全部。他教会了我如何审视这个世界，如何开展人生，如何进行工作与如何面对观众。他并没有给我灌输任何理论，我的所有知识，都是从观摩他的亲身示范中学到的，我会模仿他，做他做过的事。最重要的一点是，他让我学会了尊重，尊重每一个人，不分贫富，无论来路，一视同仁。

**日和手帖 > 很多人对于马戏艺术的犹豫，是出于对动物保护的考虑。能请你聊聊 Zoppé 马戏团与动物之间的关系以及对待动物的方式吗？**

我的父亲与动物的关系从来不是占有与被占有或支配与被支配的关系，他与动物一同生活，与它们为伍。他训练一切能被训练的动物——猴子、狮子、老虎、

小丑的灵魂特质就是扮演者的人性特质，这种特质不是被特意创造出来的。

熊、马与鸭子……有人说他能与动物交流。他几乎没使用过皮鞭，偶尔用到也只是为了制造声响，并非为了鞭打。他训练马做算术题，通过弹手指发出声音来让马选对答案，比方说，有观众出了一道10减3等于多少的数学题，马就开始用蹄叩击地板，当马蹄叩到第七下时，父亲就会弹响手指，马听到父亲弹指的声音就会停止叩击，但事实上经常会出现类似父亲算错数，弹指的时机选错，而马却仍叩击对了答案的情况。

父亲连很难训练的动物都能训练成功，比方说让公鸡骑脚踏车——像公鸡这样的动物，常常是你让它往前走，它往后退，你让它往左站，它靠右走，所以能与它们沟通才是训练它们的最优方法。虽然能与动物沟通，像能懂得狗的语言、了解海豚表达的人很是稀有，但父亲似乎就是拥有这么一种独特的技能。他与动物们一周七日，一日二十四小时生活在一起，与它们为友，照顾它们，试图了解它们的所需，知道它们的喜恶。其实动物和人一样，基因里都有一种“表演欲”，也会如人一般，对音乐产生反应，如果让它们闲置，它们也会被无聊杀死。

**日和手帖 > 对于儿女，你是否会对他们进行严格的马戏训练？会不会犹豫他们接触这样的人生道路太早？**

我从未将自己的马戏人生强加于他们，正如我的父亲没有将他的马戏理想强加于我一样。我希望我的小孩能随他们自己的意愿去做他们想做的事情，不会强迫他们成为诸如医生、小丑或是艺术家之类的某类特定人群。我会与他们分享我的知识，然后让他们自己做决定。但就像我之前说过的，你一旦登上过舞台，体验过让人快乐的满足感，就会在细胞里留下种子，很难去忽视，而我的孩子们的体内也早已有了这样的种子。

**日和手帖 > 你是否能看到 Zoppé 的未来？这一未来在你的设想中是什么样子的？**

刚才提到了我的孩子，他们一个8岁，一个15岁，两人虽然随母亲在芝加哥过着普通人的生活，却都很喜欢 Zoppé 的马戏演出，所以我觉得这个马戏团是可以持续下去的。他们一有时间就会来马戏团里探访并参与表演。我的儿子与我同为小丑，我也未曾系统地教过他关于马戏表演的事情，他在台上都是随心所欲地发挥。

我能看到 Zoppé 的未来，有形而确凿，无论有没有孩子们的继承，Zoppé 的精神总会延续。如今在许多不同的马戏团里，多多少少都能发现 Zoppé 流派的影子，而且许多艺术家也与 Zoppé 合作过。我们在 Zoppé 的帐篷里所发酵出的家庭感与积极能量正逐渐传递到其他的马戏篷里。

**日和手帖 >Zoppé 在未来几年有什么样的安排？是否有计划巡演亚洲？**

若有机会巡演亚洲，那会是再好不过的经历了！多年前，我曾作为许多艺术家中的一员，在台北进行过一个周末的演出。若能将 Zoppé 带到亚洲，带到中国，将会是一次无与伦比的冒险。

2018 年，Zoppé 从美国东岸到西岸，从纽约到加利福尼亚进行巡演。2019 年，Zoppé 将会受邀作为主力马戏团出席 7 月在马萨诸塞州举行的世界马戏峰会（Global Circus Summit），这对于我们而言是巨大的荣幸。虽然目前没有亚洲巡演的计划，但我们非常期待能有这样的机会。如果中国的观众希望看到 Zoppé 的马戏演出，欢迎随时与我们取得联系。

与动物沟通，是 Zoppé 的训练方法。

# The Story of Handmade Playground Maker

Interview with

Bruno Ferrin

# 纯手工乐园打造者的故事

张惠霞 / 文　布鲁诺 · 费林 / 图
Zhang Huixia / interview & text　Bruno Ferrin / photo provided

Profile

Bruno Ferrin

布鲁诺 · 费林

意大利 Ai Pioppi 手工游乐园创始人。

对 Bruno 来说，亲手打造的游乐园就是一个美好的惊喜。

Vietato salire da questa
parte

Bruno 为餐厅顾客的小孩打造的梦想乐园。

为了不让孩子们影响客人的心情，Bruno 在餐厅外的树上挂了几个秋千。

1969年夏天，意大利巴塔利亚，一个名叫Bruno的年轻人带了几桶酒和香肠，怀着不确定的心情，在森林边缘的小树下支起了小小的餐饮摊位。出乎Bruno的意料，他的生意迎来了开门红。到日落时分，准备的食材已全部售光。从那天起，一家名为Ai Pioppi的家庭小餐厅便扎根在那片小森林里。

餐厅开张次月，Bruno需要定制几个铁环，于是他找到当地铁匠。铁匠忙得分身乏术，拒绝了Bruno的订单，但教给他制作工艺，让他回家自制。没想到这个意外的拒绝发掘了Bruno对铁艺的热情。他开始尝试制作各种小东西，遇到技术难题便向铁匠求教。

随着餐厅生意的扩大，烦恼也纷至沓来。儿童顾客无处可去，要么在餐厅里横冲直撞，要么钻进树林里疯玩，让家长们不得安心。Bruno想，不如为孩子们做几个秋千，挂在店附近的树上，让他们有个安全的去处，家长们也可以安心聚会。

然而，谁也没有想到，几架秋千竟如同星星之火一般，燎燃了Bruno的游乐园之梦。之后的40余年里，他在经营餐厅之余，凭借一己之力，制作出了越来越多的游乐设施，从滑梯、旋转飞轮到过山车，不一而足。如今，Ai Pioppi游乐园已颇具规模，免费开放给所有人。很多城市居民慕名而来，到这片城郊的小森林里体验全机械化的、不涉及任何电力的娱乐设施。

Bruno如今年事已高，但他仍在力所能及的范围内扩展着Ai Pioppi游乐园的版图。有人问他为什么要花这么多时间徒手建造一个不盈利的游乐园，他反问：“我喜欢做这件事，这难道还不够吗？”在失眠的夜里，他会走进树林，与这些亲手制作的游乐设施独处，感觉每一丝轻微的响动。它们是他一生的财富，也是他一生最大的快乐源泉。

“随心而为，随遇而安”是Bruno的人生哲学。“随心而为不是任意妄为，而是你要清晰地知道自己想要什么、喜欢什么，然后尽最大努力去靠近它、实现它，”Bruno解释道，“随遇而安也不是消极地接受命运的安排。如果你对自己的处境不满，不要抱怨，而是要动手改变。人生美好的部分在于，当你为一件事尽心尽力时，周边的气场会变得积极起来，很多意想不到的结果也会随之而来。对我来说，Ai Pioppi游乐园就是那个美好的惊喜。”

正是因为有了这样豁达的心态，Bruno对Ai Pioppi游乐园的未来才没有感到焦虑。如果后辈能够继续建造Ai Pioppi游乐园，他自然很开心。但他同时也表示不会将自己的梦想强加于下一代。“每个人都有自己的人生，我希望他们过好自己的人生，而不是为了我勉强自己。至于Ai Pioppi游乐园，我相信命运自有安排，它只需静静等待。”

电影《模仿游戏》里有一句台词：“有时候，正是那些不被期待的人成就了无人所成之事。”内心纯净坚定的人有着蓬勃的生命力。他们不用世俗标准来衡量得失，完全沉浸在自己的世界里，因而才能够全心全意地将时间“浪费”在美好的事物上。这些人是永恒的少年，怀揣着一颗热情洋溢、无所畏惧的少年之心行走于天地间，没有磨难、痛苦和嘲笑能够阻挡他们走向远方的脚步。

对 Bruno 来说，Ai Pioppi 游乐园就是一个美好的惊喜。

# >>> < BRUNO FERRIN

HIYORITECHO / BRUNO FERRIN

**日和手帖 > 是什么原因促使你开始搭建 Ai Pioppi 游乐园的？**

孩子们触发了我想要打造一个游乐场的念头。和中国一样，意大利人很重视家庭。光顾我餐厅的客人多半是携家带口。大人们可以尽情聊天喝酒，孩子们却坐不住，在餐厅里跑来跑去玩耍，难免会影响到别的客人的用餐心情，而且也不安全。所以我就想，能否找到一个两全其美的办法，让孩子们可以尽情玩耍，又不会影响到大人们的聚会。

秋千是我首先想到的。我的餐厅被一片树林环绕，在树上挂几个秋千，孩子们在其间玩耍欢笑，这是多么美丽浪漫的画面啊！我立刻着手制作了秋千，并且从制作过程中享受到了乐趣，于是开始尝试其他游乐设施的制作，渐渐地，便有了现在大家看到的游乐场。

**日和手帖 > 在建造 Ai Pioppi 时，你心中是否有它未来的样子？能否与我们分享一下 Ai Pioppi 的设计理念？**

我不想给它一个严格的规划。其实，Ai Pioppi 从无到有，我始终都没有做过所谓的长远规划。

我相信随性而为的魅力。Ai Pioppi 是一个位于森林中的游乐场，自然是它的环境也是它的肌理。树木随着季节更替开花落叶，鸟儿迁徙，生老病死，风霜雨雪交替而来。我无法掌控这些变换，所以我宁可跟随这些变换，随时调整我正在制作的设施，这样它们才能与自然完美地融合在一起。至于 Ai Pioppi 最终会呈现怎样的面貌，我无法预测也不愿预测，就让自然和这些设施自己决定吧。

**日和手帖 > 在 Ai Pioppi 中，你最满意或印象最深刻的设施是什么？为什么？**

每一件作品都让我难以忘怀，不论它们简单还是复杂，最后带给人们的快乐都是同样的。所以，我没有特别满意或印象深刻的设施，无论说哪一个，对其他设施都不公平，所以它们同等重要，同样值得被铭记。

**日和手帖 > 你是如何将大自然的律动融入设计之中？**

因地制宜。在其他游乐场建设中，可

能会有很细致的前期规划，找出一块空地，然后安排各种设施的位置，Ai Pioppi 完全是走一步算一步。比如今天遇到缓坡，我就会和工程师商量，看依照山势能否做一个过山车。这个过山车的设计不能刻板地遵循行业标准，而是要根据坡度进行定制，因此做出来的过山车是独一无二的，并且只能适应于这个特定的缓坡。

我也会去观察树木花草的构造、鸟虫的运动规律，但我不是专业人士，说不出系统的设计理念，只能凭直觉去把我感受到的东西放进设计里。总之，Ai Pioppi 一直在配合自然的节奏、起伏，而非反向而为之。

**日和手帖 > 有些设施看上去建造难度相当大，你是如何凭借一己之力完成这样浩大的工程？**

如果遇到结构很复杂的设施，我会向一位合作多年的工程师求助。我把想法告诉他，然后由他来创建部件，我最后进行组装即可。有时候我也惊叹于自己的潜力，原来一个人可以单独完成这么多事情，这让我感觉充满力量和自信。

**日和手帖 > 你在建造游乐场的过程中一定遇到过不少困难，令你印象最深刻的一次困难是什么？**

其实每一次制造都并非易事，每一次都是挑战。我享受这些挑战，它们让我充满了生命力。如果一个挑战特别严峻，我便将其拆分成无数个小挑战，然后逐步击破。所以对我来说，没有印象最深刻的困难，因为它们都被拆分了，痛苦也就相应减轻了。

在失眠的夜里，Bruno 会走进树林，与这些亲手制作的游乐设施独处，感觉每一丝轻微的响动。

**日和手帖 > 如果有足够的时间和精力，你还想为 Ai Pioppi 做些什么？你希望这个游乐场拥有什么样的未来？**

我想在有生之年，尽可能多地将我的想法变为现实。如果我的侄儿们愿意，希望他们能继续将这个游乐场做下去，让更多人回到自然中，享受自然的乐趣。

**日和手帖 > 你在另一篇采访中提到，你不会强迫 Ai Pioppi 的继承者继续你所做的一切，因为每个人都有自己看待世界的角度。你看待世界的角度是怎样的？**

是的，无论他们做怎样的决定，我都会尊重他们，哪怕与我所希望的不同。我其实是个悲观主义者，怀疑一切确定的答案，因为没有人能精准地洞察世事。我不知道未来会发生什么，也不知道我所做的一切是否有意义，我知道要享受当下的生活，享受我正在做的事情。

**日和手帖 > 中文有一个词叫“赤子之心”，指的是心灵纯洁、质朴，对世间万物充满好奇与向往。多年来，你是如何保持自己的赤子之心的？**

不要人云亦云，要有自己的想法与观点，哪怕它们是错的，也要自己去跌倒然后再爬起来。我很重视生命的体验度，人生只有一次，无论酸甜苦辣我都想自己去尝试，去知道其中滋味。

对命运有所畏惧，但不要屈服于它。大胆去尝试生命的各种可能性，你才能知道自己真正想要什么。社会或许有一套固定的美好人生的标准，但那是否适用于每一个人呢？我想不一定。因此，与其按照别人的标准活着，不如自己去探索发现，找到真正适合自己的人生道路，然后坚定不移地走下去。请相信我，这是一件会让你非常快乐满足的事情。

孩子们触发 Bruno 想要打造一个游乐场的念头。

游乐园里面的所有游乐设施，都是由 Bruno 亲手打造的。

# The Spiritual World of Modern Sherlock Holmes

# 现代福尔摩斯的超自然世界

陆冉 / 文　Joe Nickell / 图

Lu Ran / interview & text　Joe Nickell / photo provided

Interview with

## Joe Nickell

Profile

Joe Nickell

乔·尼克尔

超自然现象研究者，怀疑论者，调查员。

出生于1944年的Joe Nickell是美国杰出的怀疑论者和超自然现象的研究者，他是世界上唯一的专职超自然事件调查员，怀疑调查委员会（CSI）的高级研究员，并定期为杂志《怀疑论调查者》撰稿。他周游世界各地，调查游走于科学边缘的奇怪奥秘。

Joe调查了数十起闹鬼住宅案件，包括加拿大多伦多的阿米蒂维尔恐怖事件和麦肯齐之家。他经常探索传说中的怪物，以及“无法解释”的现象，例如麦田怪圈、不明飞行物、水晶头骨、人体自燃等，被称为“现代夏洛克·福尔摩斯”“幽灵杀手”“现实版斯库利”。

2018年，是Joe作为历史的、超自然的神秘传说和恶作剧调查者的第40个年头。他认为，相对于谜团制造者的夸大其词和所谓的揭穿者的置之不理，对于秘密的调查，实际上应该致力于仔细研究、解决它们。

正如他在“Monster Talk”（由《怀疑论调查者》杂志建立的音频博客）中所说，我不喜欢掩饰者，也不喜欢那些只会一味驳回的人，如果我正在学习吸血鬼，我不必相信他们的存在，去谈论吸血鬼的历史、文化和文学史，我们可以发现有很多方面都值得做一些学术讨论。

Joe拥有肯塔基大学的学士、硕士和博士学位，他的博士学位着重于英国文学研究和民间文学艺术专业，目前在纽约阿默斯特的调查中心的办公室担任CSI的全职工作。

Joe揭露了许多伪造品，其中包括著名的“开膛手杰克日记”。在2007年的恐怖电影《收割》中，女演员希拉里·斯万克（Hilary Swank）饰演超自然现象的调查员。Joe被选为角色顾问，并被邀请参加与斯万克会面的电影活动。他说：“我喜欢前10到15分钟，这个角色似乎在做与我类似的事情，随后电影变成了超自然的世界……”

截至目前，Joe已经参与三十多本书的撰写与编辑：《调查都灵裹尸

**Joe还曾是职业舞台魔术师、博物馆馆长、私家侦探、河船经理、大学讲师、作家等。**

布》《解密超自然现象》《犯罪科学》《现实版 X 档案》《神秘纪事》等。他说，我认为自己主要是作为一名作家，关于人和世界，我能从不同的角度来看待生活，因此也能更多地了解自己。我在一个世界里经历许多个不同的生活，在某种意义上，我也曾欺骗死亡。

Joe 的书可以分为宗教、法医、超自然和神秘四大类。

从 1982 年开始，他的著作《都灵裹尸布研究：最新的科学发现》中，展示了他收集 、研究证据的模式，并将这些证据作为可持续的结论。他于 1998 年更新了这本书，其中更新了历史、图像、法医、物理和化学证据，并对放射性碳测年过程进行了特别说明。

都灵裹尸布是一块印有男性脸部面容及全身正、反两面痕迹的麻布，约长 4.4 米、宽 1.1 米，保存在意大利都灵主教座堂内，是基督教最有名的图标之一，但其真实性没有任何官方立场。Joe 等人研究的着力点是 14 世纪的绘画亚麻布以及人物面部和身体的比例，两者都与当时哥特式艺术家所使用的比例一致，并不是真正的人。

Joe 在 1993 年出版《寻找奇迹：哭泣的图标、遗物、耻辱、视觉和治疗方法》(*Looking for a Miracle: Weeping Icons, Relics, Stigmata, Visions and Healing Cures*) 的书中，在同一研究模式中展示了各种宗教所宣称的奇迹。

对于每一次事件，Joe 都会回顾同时期的书面记录，探讨各种自然现象的解释，对事件周围的文化环境的解释，并推测受影响的宗教社区的动机。“奇迹”的根源是纯粹的恶作剧或对自然现象的误解。

Joe 在纽约皇后区观看传说中“哭泣的圣艾琳”雕像时说：“闪闪发光的清漆和某些表面不规则处产生了一道光线，产生了哭泣的表象。一个宗教恳求者倾向于看到眼泪……特别是如果拿着一支蜡烛，可以看到由于垂直裂纹和其他条纹

以及眼泪的影响，在微小的眼睛里就会产生闪烁的微光。”

Joe在鉴定类型中的第一本书是《笔、墨水和证据》，他描述了一个典型的分析：

我决定测试专辑第10页上的“Bonney”的棕色墨水，将样品放在用蒸馏水蘸湿的色谱纸上。令人惊讶的是，它十分容易转移并且测试为阴性。因此，墨水具有棕色墨水的特征，而不是随着时间流逝氧化变成褐色的黑色墨水。1881年，特别是在西部边境地区，棕色油墨的供应并不普遍。这很有可能是造假者利用棕色油墨来伪造出黑色墨水通过长期氧化所达到的棕色油墨状态。

Joe与Robert A. Baker（贝克）合著过一本手册——《如何调查幽灵、不明飞行物、心理学和其他奥秘》，这本手册综合了调查超自然现象的技术和信徒的心理。Joe经常引用贝克的话：“没有闹鬼的地方，只有闹鬼的人。”

对于各种各样的湖怪传说，Joe举过一个例子：

……基于数据映射的令人信服的论据。他绘制了北美湖怪的分布情况。然后他覆盖了普通水獭的分布并找到了近乎完美的匹配。事实证明，三四只水獭游泳在一条线上看起来非常像蛇纹，像有驼峰的生物在水中起伏。如果你从远处看到它们，就很容易误认为这是一个生物。这不是猜测，我不是这样做的，我已经和那些认为那是一只湖怪的人探讨过了，他们接近后发现它实际上是一排水獭，这真的发生了。显然，并不是所有的湖怪都可以用水獭来解释，但它是如何愚弄我们的看法的，这是一个很好的例子。

而对于“外星人绑架”事件，Joe提出，外星人的遭遇是误解了自然现象，这是恶作剧或幻想倾向性格的结果。为了解释外星人目击的演变本质，Joe在博客里说：

“我做了一个外星人的演变表，并且做了一些沃尔特·迪士尼式的不同类型的外星人的卡通画，从1947年开始的小绿人、多毛的矮人到后来的机器人、三眼巨怪、昆虫怪等，这一系列各种各样的外星人类型都充满了想象力……如果你进入一家玩具商店并且看到外星人玩具，你几乎看不到一个标准模型。如果生命在一个遥远的星球上发展起来，那么它看起来和我们很像，我们倾向于使用我们自己的形象来具化我们感兴趣的多样实体。所以Bigfoot是我们过去的大笨蛋堂兄，ET是从未来拯救我们的亲戚。这些都是我们的形式。当然，幽灵是我们透明的形式，天使是我们的翅膀，吸血鬼是怀着另一种心态的我们。”

除了众所周知的调查员的身份，Joe还曾是职业舞台魔术师、博物馆馆长、私家侦探、黑客商人、河船经理、大学讲师、作家等。那些他小时候梦想扮演的角色，长大后他都将其一一实现。他曾称自己是“一个有100张脸的男人”，他说：“即使在这些方面，我也是一名侦探，因为这是我调查生活的方式，我遵循梭罗的建议：‘自信地朝着你的梦想的方向走，过你想象中的生活。’”

# >>> < JOE NICKELL

HIYORITECHO / JOE NICKELL

**日和手帖 > 是什么使你对超自然现象的研究产生了兴趣呢?**

如同其他人，我发现那些神秘事件、超自然事件特别吸引人。我是一个好奇心很强的人，所以我想要去探究那些秘密，特别是那些对于整个人类有着很大重要性的话题，比如，通灵者真的可以预言未来吗? 天外来客是否真的造访过地球? 我们肉体死后，灵魂是否还活着?

**日和手帖 > 在这许多年的调查生涯中，什么是令你印象最深刻的呢?**

我更愿意将“超自然”事件看作是“超出正常范围”事件的拓展话题，也就是说，这些事是超出正常科学和人类经验范围的。举个例子，中国的“野人”之谜，如果它们真的存在，也许只是拥有另一种血肉之躯的生物，与“超自然”根本无关。

在近50年的神秘事件调查过程中，我还没有发现有任何证据可以证明这是“超自然”事件。我现在越来越倾向于相信我们是生活在一个真实的自然世界中，一个没有鬼魂、没有魔鬼或者其他所谓的超自然现象的世界。

**日和手帖 > 在你所研究的领域，怪兽、鬼魂、外星人、心理学中，你着重研究的是哪一方面呢?**

我对所有类型的神秘事件都感兴趣，无论是超自然的、犯罪的、历史的、文化的，还是其他什么。对我来说，问题在于——这是不是一个好的谜团? 是否值得我花时间去研究它，我又是否真的有能力去解决它? 我曾经和警察一起调查凶杀案；寻找发现“遗失的”古书；解释美国作家安布罗斯·比尔斯的消失之谜；展示古代原始美国人是如何在秘鲁创造出巨型纳斯卡图案。作为怀疑调查委员会的高级研究员，我解决了比其他任何人都要多的“神秘事件”。也许在这些事件中，我调查过大量的“鬼屋”事件，然而我不得不遗憾地说，迄今为止我还没有发现过任何一个“鬼魂”是真实存在的，只有被人类意愿驱使所创造出来的幻象。

**日和手帖 > 为什么当其他人都说无法解释那些超自然现象时，你还是在坚持寻找真相呢?**

真相很重要。一些人总是将他们的“想要去相信”作为出发点，然后想办法去印证它。然而，这种被称为“确认偏误”的倾向，是无法引导他们发现真相的。取而代之的，我们应该运用科学的解决方法：通过寻找和检验真相来学习了解什么才是真的，要抱着这样的心态开始，然后以最可靠的证据为基础来得出最可能是正确的“结论”(有着最少假定因素的那一个)，最后，相信它，无论你愿不愿意。发现真相也许真的很难，得到“想要”的真相是一个轻松的选择。

**日和手帖 > 你曾说在8岁的时候就知道自己是个侦探，是什么让你有如此直觉性的预感呢?**

在我8岁这个年纪，侦探生活对我来说简直是完美：破获重要的犯罪案件，在真相与假象之间游走，据理力争的刺激，让我很享受。当然，在那样一个小的岁数，我也想过去做其他事情，不过当我做职业侦探的时候，我开始意识到，我可以将那些事情运用到揭露秘密的过程中，而不仅仅是关于犯罪的那些事。当我开始真正地调查“超自然”事件时，我把自己看作是“神奇的侦探”。我的好朋友，意大利作家 Massimo Polidoro（马西莫·波利多罗）称我为“调查不可能事件的侦探”。我甚至开始把我的侦探工作看作是在写诗，一种调查、剖析生活的重要途径。

**日和手帖 > 你曾经是一位舞台魔术师，是什么让你有这个想法的呢？你喜欢这份工作吗？**

是的，在我是个小男孩的时候，我就是一位魔术师了，因为我的父亲是一位业余魔术师。这似乎也是另一种学习“秘密”的好方法。在长大之后，我成为了一位职业魔术师（当过 3 年胡迪尼神奇名人堂常驻魔术师），有一个很显著的区别就是，小时候当魔术师，我会给自己粘上假的胡须，而当我成长为一名职业魔术师时，我有了真正的胡须！

伟大的魔术师 Harry Houdini（哈里·胡迪尼）调查且戳穿了许多巫师的“通灵术”，我因此受到启发。魔术师可以对“超自然”事件展开如此有效的调查，得益于他们知道“假象”，并且清楚地知道我们是怎样被假象所愚弄的。

例如，我调查的第一个大型“超自然”事件——麦肯齐之家的鬼魂。我没用多久就发现所谓的“幽灵的脚步”其实是来自旁边门内的楼梯，“鬼魂”实际上是深夜清洁团队的成员。

**日和手帖 > 在你一开始从事调查“超自然”事件工作的时候，你的家人支持你吗？**

我的家人在我还是一个小男孩的时候就给予我无条件的支持，给我买指纹检测设备，容忍我给房子撒满灰尘以采集指纹。我母亲帮助我伪装，这对我后来成为“超自然”事件调查者非常有用，因为在调查的过程中我会饰演不同身份的人，由于从小的训练，我很不容易被辨认出来。

**日和手帖 > 在你调查过的所有事件中，哪一个事件令你印象最深刻？比如耗时最久，在真相浮现之前经过了十分艰巨的调查过程。**

其中一个最具挑战的事件是我尝试自己创作一个秘鲁纳斯卡巨型图案——那些图案大得只能从飞机上看到它的全貌。就因为它们超乎寻常地大，这令很多人相信它们是为天外来客所造，或者是在他们的帮助下创作出的——那些天外来客在盘旋于高空的飞碟中操作光波作用于地面。

事实上，这些和纳斯卡陶器上相似的图案，确实是古代纳斯卡人所作，可是他们究竟是怎样办到的呢？我开始用木棍和打结的绳子创作一个大型图案，一种与秃鹫相似的鸟。足足 134 米，这是一个非常大的挑战，但最终我还是完成了，而且非常成功。《科学美国人》杂志称其与原作惊人地相似。随后我又为美国国家地理《奇闻大揭秘》电视系列创作了另外一个巨型蜘蛛图案。

**日和手帖 > 在调查过程中，你遇到过什么危险呢？**

有一次我攀爬一栋西班牙“鬼屋”中年久失修的腐木梯，我摔断了自己的腿，但并不是在“鬼屋”区域，而是之后在酒店外面，我由于失足摔倒，这让我接受了三次手术，花了一年的时间才完全康复。

还有一次比较危险的情况是，我在纳斯卡图案上空拍摄图片，那个飞行员喝了大量的皮斯科酒，驾着飞机做燕式盘旋。不过你看，我现在不也还好好地活着。

**日和手帖 > 你做过舞台魔术师、侦探、作家、高级研究员，哪一个是你最喜欢的身份呢？**

回望过去，从 8 岁到现在，我还是得说，侦探是我最喜欢的一个身份了。对我来说，我做过的大部分事都是那个身份的一部分。

**日和手帖 > 你有看过《招魂》这部电影吗？那些“不净”的东西真的存在，并且会进入人身体对其造成伤害吗？驱魔仪式又是怎么一回事呢？**

我不仅看过《招魂》这部电影，我还看过 Andrea Perron（德里亚·佩隆）写的关于她和她家人居住的那栋历史悠久的“鬼屋”的三部曲。所谓的“附身者”，以及将“魔鬼”驱逐的“驱魔仪式”，我在《怀疑论调查者》中写了一篇文章，其中阐述了那些简单的因素——如临其境的梦、奇怪的杂音、小孩的恶作剧等等，这些东西让那个家庭胆战心惊。

后来 Norma Sutcliffe 在那个房子里生活了超过 30 年，他曾邀请我去参观那座房子以向我证明我在文章中所写的评价是多么正确。Norma 和我一样，也是一位怀疑论者。这样看起来，“恶魔”是不会攻击怀疑论者的嘛。

# Small Blocks Build Unlimited Creative Universe

# 小小积木搭出无限创意宇宙

陈接 / 文　积木艺术家网 / 图

Shizuka Hayashi / interview & text　brickartist.com / photo provided

Interview with

## Nathan Sawaya

Profile

Nathan Sawaya

**南森·萨瓦亚**

美国著名积木艺术家。被乐高授予了“乐高大师证书”和“乐高职业证书”，成为世界上唯一一位同时获得这两个证书的人。

生于美国华盛顿的Nathan Sawaya（南森·萨瓦亚），如今虽有着一个标新立异的头衔——“积木艺术家”（Brick Artist），但他同样也有过常人所有的迟疑，经历过常人所经历的循规蹈矩，而最终让他异于常人的，或许是他追寻心底最纯粹渴望的那股勇气——让曾经的犹豫成为让人生转变的契机，让儿时的痴迷成为属于自己的创作方式。

于纽约大学法律专业毕业后，Nathan进入到了温斯顿国际律师事务所（Winston&Strawn）成为执业律师，但他说，在担任律师职务、从事律师工作的那段日子，他过得并不快乐，这种不快乐让他迫切需要找一个发泄的渠道，以保证自身能量的正值与大脑细胞的活跃。此时，艺术创作便成了他最诚实的精神向往，而他儿时所痴迷的乐高积木（LEGO）也在无意间成全了他的创作理念。

2004年，Nathan毅然决然地辞去了稳定却压抑的律师工作，踏出走向人生转折的最大一步，成为了一名全职乐高搭建师，或是他口中所说的“积木艺术家”。在为乐高公司工作不到半年后，Nathan于纽约成立了自己的艺术工作室，虽非乐高的雇员，却仍被乐高授予了“乐高大师证书”和“乐高职业证书”，成为世界上唯一一位同时获得这两个证书的人。

迄今为止，Nathan的艺术展已走过全球6大洲，其中有不少作品更是成为美国众多博物馆、美术馆与图书馆的馆藏。不少收藏家、名人与运动员都是其艺术创作的粉丝。名记者Scott Jones（斯科特·琼斯）曾评价Nathan：“萨瓦亚本身就是一种超现实主义的混搭，既混搭各种超现实主义的形式，也混搭各种超现实主义艺术家。想象一下将Frank Lloyd Wright（弗兰克·劳埃德·赖特）与Ray Harryhausen（雷·哈利豪森）混搭，或者Auguste Rodin（奥古斯特·罗丹）与Shigeru Miyamoto（宫本茂）混搭，或许就能明白萨瓦亚的创作思维来源。”

每个参观过Nathan艺术展的人，无不为他的创意与巧作所震撼——在这么小小一块不起眼的积木里，居然潜藏着如此浩瀚的一片创意宇宙，而这种创意，不分年龄，不拘性别。Nathan所创作的作品，有长至2.1米的布鲁克林大桥模型，也有达1.8米的暴龙等高模型；有神秘如《蒙娜丽莎的微笑》，痛苦若爱德华·蒙克的《呐喊》，也有形如人体骨骼，无形如难测人心。

选择乐高积木作为艺术创作的媒介，在他看来，纯粹是创作的需要使然，但在笔者看来，这与他严谨的思考方式和善于计划的行事方式有着潜意识的关联。

虽然已经成功转型成为一名顶尖的当代艺术家，但Nathan的说话方式，仍保留着从事律师工作时期所延续下来的细致与条理，层次分明，逻辑性强。在与笔者聊天的过程中，对笔者所提的每一个问题，他字句清晰，并没有太多所谓的“艺术家的任性”。

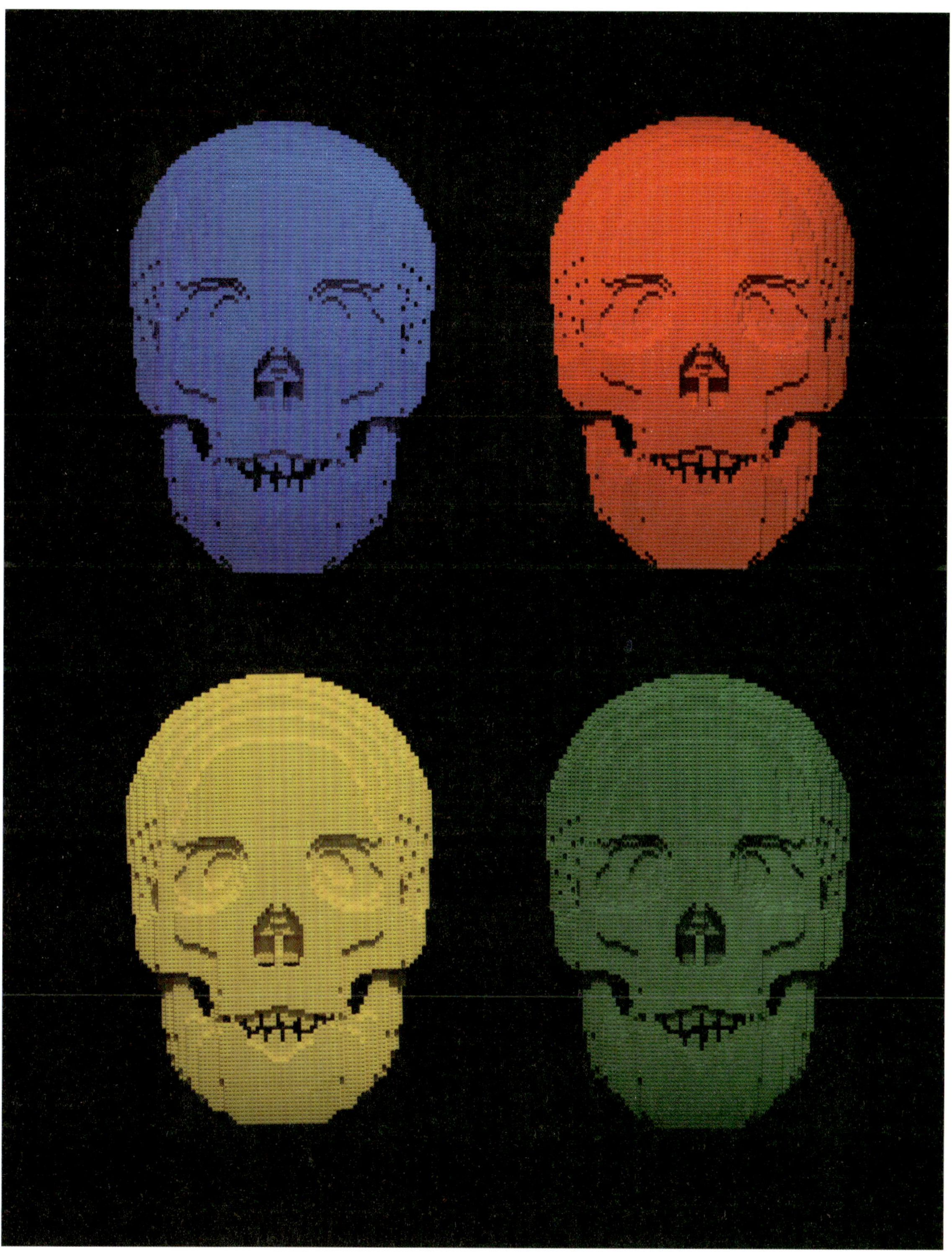

Nathan 擅长将敏锐且细腻的思考观点融入其积木创作里。

# >>> < NATHAN SAWAYA

HIYORITECHO / NATHAN SAWAYA

**日和手帖 > 你在成为积木艺术家之前，是否接受过任何形式的艺术培训？**

有参加过一些艺术培训班，但将乐高积木作为艺术表达的媒介，在很大程度上都是自学的，可以说是无师自通吧。

**日和手帖 > 为什么一开始选择进入法律领域，之后又选择离开这个领域？**

一开始选择法律，个中原因估计与许多不敢把兴趣当作职业的人差不多——我虽喜欢艺术，但大学毕业后，对自己的艺术造诣并没有十分的自信和把握，不觉得自己的水平足以将艺术作为一份全职工作，而且身处的环境也给了自己一种无形的压力，觉得如果不成为一名专业的职场人，就无法安全地将自己的人生扎根于这个社会，所以又进入了法律学校进修，毕业后成为了律师。

最初在纽约一家法律公司任执行律师，每天的工作时间都相当长，这种一成不变的生活方式让我在回家后总希望能做点儿什么，将压力完全发泄。有些人会在一天工作结束后选择去健身房，但我觉得自己需要的更多的是创造力的发泄，而不是身体上的发泄，要么画画，要么写作，有时也会制作雕塑。

某天，我突发奇想地给了自己一个挑战任务——利用儿时的玩具堆砌雕塑，这成了我将乐高积木作为艺术创作媒介的契机，并将创作的作品放到个人网站上，当作是自己的虚拟艺术馆，后来逐渐开始有人委托我进行乐高雕塑创作。直到有一天，用作展列作品的网站因点击率太高而瘫痪，我便决定以此作为人生的转折点，离开一直从事的律师工作，成为全职艺术家。

做出这个决定时，我是害怕的，但同时也获得了解放。从此以后，我的命运将由自己掌控。离开法律公司后的早晨，我睁开双眼的那一刻成为了我人生另一段旅程的开始，这段旅程虽然仍在继续，但如今看来，这真是一场振奋人心的冒险。

**日和手帖 > 离开凡事讲究证据的世界，进入到一切都是概念化的领域，在这个转变的过程中，你如何看待“本我”的变化？**

成为艺术家让我更快乐。我找到了人

生的热情所在，也追寻着自己的梦想，还能够满世界游走，见识各行各业的人。若一辈子当律师，估计就没有机会出席学院奖的颁奖典礼，也不可能受邀参观白宫，或是会见皇室成员，更不可能与Lady Gaga合作。极端地说吧，艺术家生涯中最糟糕的一天也要比当律师时最舒服的一天来得称心。

**日和手帖 > 你是如何发现自己能够将简单的儿童玩具乐高积木带入到如此深奥的艺术世界中的？**

最早的时候，我就发现其实光是利用长方形的积木条就能够打造出雕塑的弧线。在制作大体积雕塑上，乐高积木有着很不可思议的功能，因为当你近距离制作时，你所能看到的只有千篇一律的锐角与直角，但你若退一步观察，所有的棱角都能完美地匹配在一起，共同塑造出雕塑的形状，直角也能变成弧线，出现在观者眼中的，不再是一条条清晰的线状，而是一具明显的人体，如同人生，从不同的角度思考就能得到不一样的观点，所以我很喜欢用乐高积木进行创作。

**日和手帖 > 选用乐高积木是否与你童年的“痴迷心理”有关，抑或仅仅只是从创作的可塑性角度考虑？**

除了之前说过的乐高积木有着无限的可塑性之外，另一个我喜欢用乐高作为创作媒介的原因在于这种材料很容易获得。在我的创作过程中，虽然不是持续不断地，但还是会时不时地唤起我儿时的记忆，会突然把记忆深处被尘埋已久的某一部分拂拭出来，画面清晰，犹如昨日，会让我盯着手中那块积木凝视许久，有时脸上突然浮现微笑却不自知。

有些家庭，即便以前从未看过我的作品，初来我的艺术馆，都似乎会被这一具具乐高积木造型所吸引，就是因为这是“积木的艺术”，是许多人童年记忆的一部分，甚至可以说是相当重要的一部分。

**日和手帖 > 你多久创作一次？平均来说，创作一件作品需要多长时间？**

我的工作室里总会有两到三个项目同时进行。隔三岔五，我都需要随“积木的艺术”到各处进行巡展，但除此之外，几

Nathan 常以纯色积木来代表纯粹的情感波动。

乎一个星期六天，全日 10 个或 12 个小时以上的时间里，我都会窝在工作室为各种各样的艺术项目进行创作。创作一件真人大小的雕塑耗时有两到三个星期。

**日和手帖 > 抛开律师的头衔、艺术家的身份，你会如何描述日常生活中的自己？这种自我定位的方式是否会影响你的创作？**

不是律师也不是艺术家的自己，在日常生活中相当快乐。这种快乐源自生活的点点滴滴，可以是一次观察、一场邂逅、一段回忆、一个眼神、一组词汇、一次心动、一场对话……这些足以让生活丰富，在我眼里，这些就是幸福，也是创意。

**日和手帖 > 你创作的灵感源于什么？这些灵感源如何反映到你的作品中，比方说通过形状、颜色与基调等？**

制作雕塑的过程基本上都始于概念或点子。概念与点子是进行艺术创作的关键组成部分，而且都必须从灵感中获得。至于什么是灵感，要定义起来并不容易，因为能激发灵感的人、事、物、地实在太多，对于不同的观察者或感受者，即便是对应同一个灵感源，能得到的灵感也会天差地别。

幸运的是，由于工作性质的关系，我时常得以旅行至世界许多地方，遇见各种各样的人，出入各色场所，体验不同文化。这些林林总总的瞬间都成为了我创作的灵感。我身上总带着速写本，一旦产生了想法，便迅速记下。

**日和手帖 > 你如何将某个灵感变为一件实实在在的艺术作品？作品背后是否有着属于自己的创作哲学？**

为新作品找到创作灵感总会让我兴奋不已，这种兴奋并不亚于完成一件作品，因为灵感的获得等于是给了创作一个真实的开始，而凡事都是开头难。踏出了最难的一步，接下来就该进行严密的创作规划了。我习惯尽可能地对雕塑进行策划，从细节上对整个制作过程做充分的准备。在放下第一块积木以前，我便希望能够设想到最后一块积木的摆放与雕塑的成形。

之所以要在创作最初做如此详尽、周密与细节的规划，也是因为这些作品完成后会被运至世界各地，要让作品成功存活于辗转颠簸的旅途中，在创作过程中将每一块积木用胶水黏合固定在一起相当重要。用胶水固定就意味着在制作过程中若出现任何差池，就得用凿刀与锤子对积木进行分离，整个制作进度就会被拖延。

创作最初获得灵感时那种喜悦的程度在作品完成后终于可以再次体会到，但大脑的注意力很快又会被带到下一个项目的创作中。

**日和手帖 > 在你的展出作品中，“人的境况”（Human Condition）、“变形记”（Metamorphosis）和“黑暗穿行”（Through the Darkness）给我的感触最深。这三个系列似乎都有着某个共同的特征，“概念主义”都扮演了相当重要的角色。**

没错。这几个系列的作品都是循着我内心最原始的感受去创作的，都是将心之所感实体化的结果，所以必然都有着相似

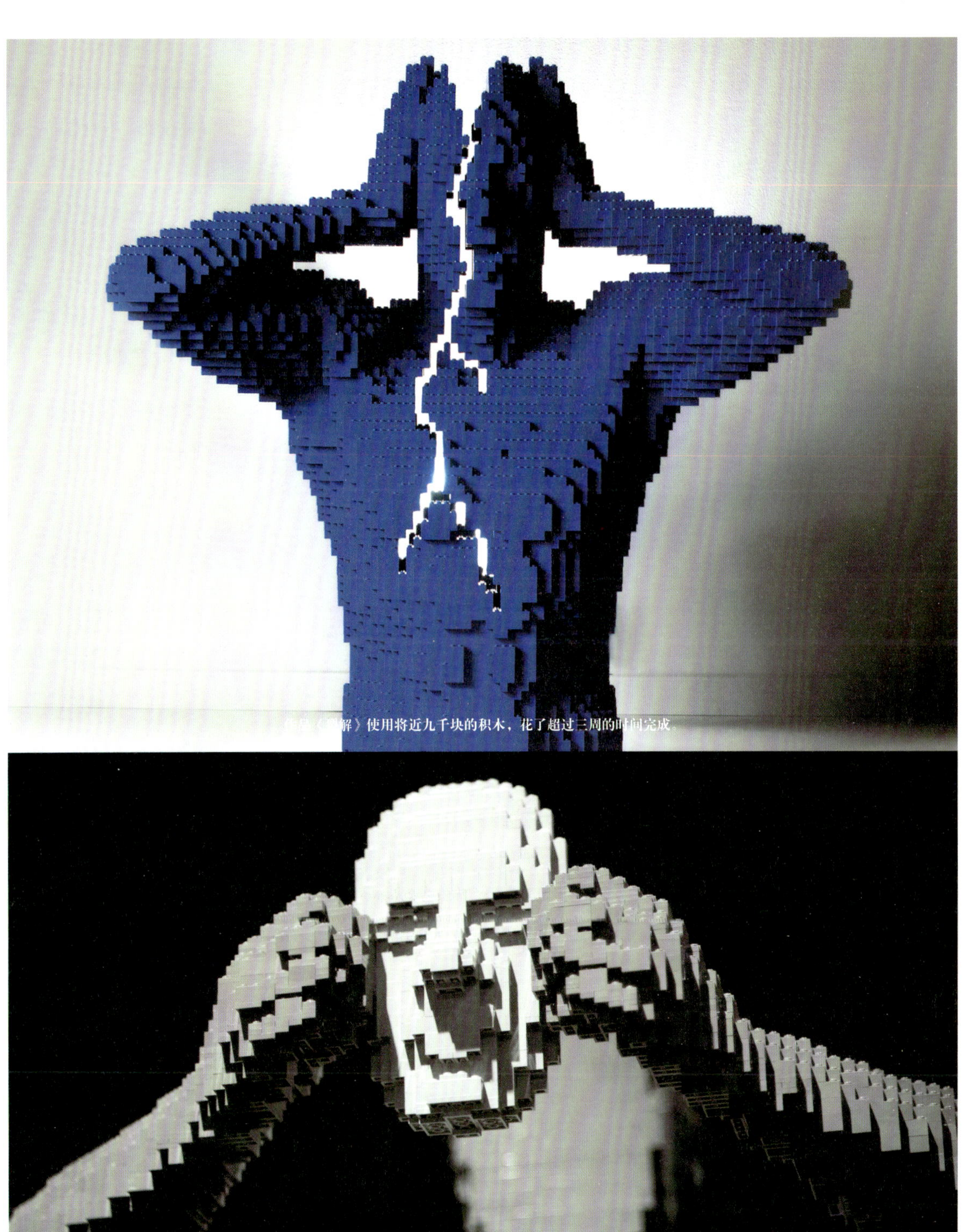

作品《[illegible]解》使用将近九千块的积木，花了超过三周的时间完成。

人的情绪张力或意识探索，都体现在他的作品中。

的特征，也带有浓厚的概念气息。

**日和手帖 > 你是如何将“玩赏性”与“现实性”同时融入到作品中的？**

“玩赏性”与“现实性”并不一定是我创作的目的，或是雕塑制作最初必然的艺术考量元素，但这个组合却随着整个创作过程自然而然地发生了。

总的来说，作为一名艺术家，我的任务是给予观者灵感与想象。一直以来所经过的路、走过的旅程让我深深地体会到，在人类生活里，艺术不是奢侈品，而是必需品，不是能有也不错，而是不可或缺。

在以律师作为职业的那段日子里，我并不快乐，但在业余时间里进行的艺术创作却给了我快乐，也让我最终改变了自己的职业生涯，全身心地投入到艺术创作中。我并不是唯一一个通过锻炼创造力让身心获得积极影响的人。不是有很多实验性教学都证明了许多经常接触艺术的学生的在校成绩都相对优秀吗？课程里若有艺术科目，学生的考试成绩与毕业率相对来说都更高。

另外，艺术创作也常常被用在许多不同类别的物理或医学疗法与康复治疗中，正是因为其“副作用”能使人更快乐、更聪明，也更健康。如此看来，说艺术创作能让人更优秀，一点儿也不为过。我想通过自己的作品，激发人们进行艺术创作的欲望，进而让世界变得更美好——听着过于崇高？或许吧。可为什么不呢？对于污染与毁灭，众人谈得理所当然，有谁还记得自己儿时那些要让地球更美好，为全人类造福的梦想？如今谈及要让世界更美好，就会被说成是惺惺作态或不着调，实在让人无法理解。

**日和手帖 > 在你的作品中，有很多人体雕塑都缺失了身体的某一部分，或是部分与部分之间断了连接，原因何在？**

并非总有缺失，但我确实在人类形态上下了很多功夫。人体的“运动”在艺术中是一个关键要素，而用一块块小小的乐高积木层层垒叠来捕捉雕塑的活动瞬间，能够让整件作品更有生命力。之所以喜欢以人类形态作为创作题材，是因为通过这样一种创作，我可以更全面、更深刻地传达内心的想法与情感。

**日和手帖 > 即便你所采用的积木颜色普遍而言比较明亮，但你所营造的作品基调或是艺术氛围往往是比较黑暗的，或者说是压抑的，这是你的创作动机，还是观者的主观意识使然？**

确实有几部作品的创作注意力都集中在了我的个人“质变”上。这个“质变”过程包含不少灰暗忧郁的情感，这些雕塑正是这么一种变形期的创作结晶。

**日和手帖 > 关于你的作品，你从观者处最常收到的反馈或听到的评论是什么？对此你有什么样的感想？**

我的作品展已经走访过除南极洲以外的世界各大洲，参观人数更是数不胜数，所收获的反馈都是积极而激励的，对此我十分感激，也会继续努力制作出更加富有创意的作品。

**日和手帖 > 你目前正在做什么样的创作项目？能分享一些未来的计划吗？**

在作品百分之百完成以前，我并不会过多透露其信息，这样不仅可以让我全神贯注于整个创作过程，也能够保证它的神秘感，确保在揭下面纱之前，给观众保留足够的想象空间。

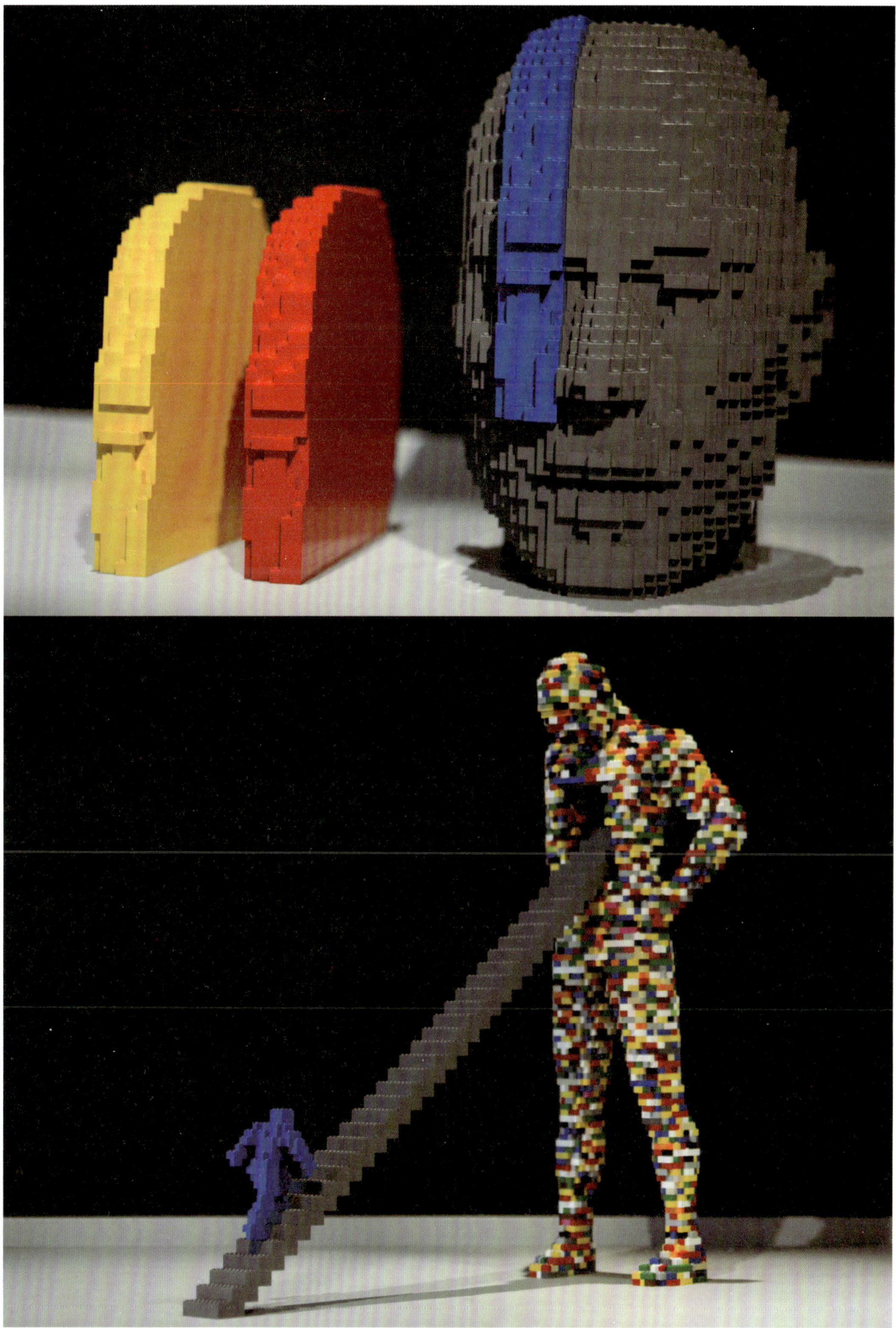

走进 Nathan 奇幻的积木世界，绝对颠覆你对乐高的无限想象。

# Catan on Table, Greatness of Life

# 桌游设计者的拓荒故事

陈接 / 文　克劳斯·托伊伯 & 帕特里克·里斯特 / 图
Shizuka Hayashi / interview & text　Klaus Teuber & Patrick Liste / photo provided

Interview with

## Klaus Teuber & Benjamin Teuber

Profile

Klaus Teuber & Benjamin Teuber

**克劳斯·托伊伯 & 本杰明·托伊伯**

桌游《卡坦岛》(卡坦岛拓荒者)的设计者。

SIEDLER
CATAN
KARTENSPIEL
KOSMOS
CATAN
DAS SPIEL
KOSMOS
CATAN
BIG GAME
CATAN
ENTDECKER & PIRATEN
CATAN
DUELL
A GAME OF THRONES

《卡坦岛》的规则并不复杂，适合各性别各年龄层的玩家，最佳游戏人数为 4 人，每局所需游戏时间约为 1 小时。

《卡坦岛》德式桌游于 1994 年首次发行，至今已被翻译成 30 多种语言，全球销量截至 2015 年已超过 2200 万套。

《卡坦岛》应该是第一款在欧陆以外大受欢迎的德式桌上游戏，这款游戏于 1994 年首次发行，获得了 1995 年的德国年度游戏奖，截至 2015 年，被翻译成 30 多种语言，销售量超过 2200 万套，还被拍成了电影和电视剧。

作为《卡坦岛》的设计者，Klaus 将家族企业——Catan GmbH 的大本营设在了德国中部市镇罗斯多夫（Rossdorf）郊外的小丘上，围绕企业的是绿茵无垠的德郊风光，林密草肥，一片平和。至于企业本身，气势磅礴的不过是名称与口碑，而其所在的建筑，竟是家庭味浓郁的德式房舍，也就是托伊伯之家——前临小路，后有庭院，院中不缺鲜花绿植、雕塑藩篱。时常出现在庭院中的身着便服、发已花白的六旬长者，便是这里的主人。

Klaus 将他所设计的游戏命名为“卡坦岛”，这座海上岛屿田壤膏腴、群山起伏、高林成墙、绿草如茵。来到岛上的每位拓荒者，都可以通过运用自己的知识与技能，在岛上安居乐业。虽然众拓荒者之间会不可避免地存在竞争与较量，但互相排斥、分离或垄断从来都不是 Klaus 设计《卡坦岛》的目的，设计者希望通过这款桌游让玩家理解，要生存发展，必须互通互助、互利共赢。

《卡坦岛》的规则并不复杂，适合不同性别、不同年龄层的玩家，最佳游戏人数为 4 人，每局游戏所需时间约为 1 小时。如今同为《卡坦岛》桌游系列的设计者、Klaus 的小儿子 Benjamin Teuber 说：“《卡坦岛》很多时候成为人们放慢自己的生活节奏、与亲朋好友共聚交流的一个理由。”

# >>> < KLAUS TEUBER & BENJAMIN TEUBER

HIYORITECHO / KLAUS TEUBER & BENJAMIN TEUBER

**日和手帖 > 你开发《卡坦岛》这款游戏的初衷是什么？是纯粹出于兴趣还是将之当作一项承载了尊严与荣耀的任务？**

Klaus：我在20岁时非常沉迷于阅读关于维京人的文字，比如他们当时还深入冰岛与格陵兰等无人之地探险的故事，对于年少气盛的我而言，那是比禁果还难以拒绝的诱惑——这些海员在大洋上进行一站又一站的探游，究竟是种什么样的体验？有着什么样的感觉？要如何在人类从未踏足过的原始之地定居？又将如何存活？

经过多年，我成为一名桌游设计师，当年对于维京传奇的忆思总会在不经意间袭来，时轻时重，念想始终都在，于是希望借助游戏让自己代入维京人的冒险经历，这一想法在20世纪90年代初期不断膨胀，最终决定开始着手研发。如此说来，应该是出于自己的兴趣吧，想要通过游戏获得拓荒定居的体验，是为了实现自己的愿望而设计的。

**日和手帖 > 投身游戏设计是从一开始就有的人生计划吗？**

Klaus：严格说来并不算是。20世纪80年代，我曾在德国中部的工业城市达姆施塔特（Darmstadt）的市郊当一名牙科技师。当时在工作上碰到许多问题，与公司之间的问题，专业上的问题……职业生涯称不上称心如意，所以设计游戏就成了我的精神避难所，因为那是我在创造自己的世界。

**日和手帖 >《卡坦岛》这款桌游于20世纪90年代在德国首先发行，至今一直流行于世界各地，称得上是第一款也是目前唯一一款走出欧陆、风靡全球的德式桌游，而且屡获奖项，成为多个领域的赢家。从游戏的技术成分与玩家的心理层面来看，你觉得《卡坦岛》之所以能获得如此的成功，原因是什么？**

Klaus：《卡坦岛》获得如此大的成功，是我始料未及的。这款桌游吸引人的点有很多，在我看来，是这些吸引点综合到一起成就了这款游戏。

首先，这是一款互动的游戏。玩家们可以随时随地彼此互动与社交，进行交易或贸易，这种互动是全方位的、均衡的，玩家轮流进行游戏，每个人的参与度是匀称的，谁都不落下。其次，《卡坦岛》的建设性很强，你所建造的一切都将随游戏的进行始终留在游戏板上，对手玩家无法毁掉你的任何建设成果。

《卡坦岛》的多样性也保证了游戏的

《卡坦岛》桌游系列的设计者 Klaus 和他的小儿子 Benjamin Teuber。

新鲜度，让玩家每次操作都能得到全然不同的游戏体验。虽然含有一定的运气成分，但资深的玩家对交易的理解、对策略的应用与对局面的分析则成为更可靠的取胜筹码，此时运气的作用就变得不再明显。即便是在游戏中，与其他玩家做交易也是需要有相当的“外交能力”，“外交能力”强的人更容易从其他玩家处获取更优交易，也能在其他玩家成为“强盗”（骰子掷到“7”的玩家）后，从“强盗”处获得赦免。

整个游戏过程，从开始到结束，即便是输的人，也都能拥有属于自己一定量的资产与资源，所以并没有真正意义上的输家，有时甚至连获胜的人都会觉得对手输得相当有水平，这在其他游戏中并不多见。

最后很重要的一点是这款游戏的“人性化”。《卡坦岛》迎合的是人的自然属性以及与生俱来的基本需求——丰收粮食、获取资源、与人交易、进行社交。如果善于合理分配与利用资源，玩家就能打造自己的村落、创造自己的世界。我认为这一点对所有人而言都很直观易懂。

**日和手帖 > 你是从什么时候开始发现设计桌游可以成为支撑生活的主要技能的？**

Klaus：《卡坦岛》正式在德国推出是在1994年，在随后的一年里（1995年）即获得了德国的“年度游戏”（Spiel des Jahres）大奖。最初发行这款游戏时，我并没有料到它能如此快获得成功，所以仍持续着牙科技术的工作，直到1998年才离开。当时逐渐意识到靠这款游戏的设计与发行就足以让我能够养活包括三个子女、妻子克劳迪娅与我自己在内的一家五口。2002年，我们创立了家族企业Gatan GmbH。其中，儿子Guido Teuber（吉多·托伊伯）主要负责英语市场的推广；另一个儿子Benjamin Teuber则负责国际推广与共同研发游戏；妻子负责账目管理与游戏测试——幸运的是，她喜欢《卡坦岛》的程度与我不相上下。

**日和手帖 > 你如何跨出游戏设计的第一步，比如将卡坦岛定位成一个美丽的岛屿，岛屿上群山簇拥、草地无垠、树木林立、海洋环绕……毕竟类似的地理设定似乎更普遍存在于童话故事般的想象中。**

Klaus：说得没错，整个地理设计确实是来自我的想象。其实我的脑海里早已存有了一个对于“迦南美地”的设想——土地肥沃、资源丰富、森林浓密、绿草如茵、有山有海……将这些大脑成像经过美术设计师之手实体化是游戏创作的自然过程。

**日和手帖 > 设计这款游戏时，你已经超过40岁了，但你设计出来的这款游戏却是男女老少皆宜，你是如何做到转换成年轻人的思维去理解他们的兴趣的，还是说你的心态素来年轻，所以从未忘记年轻之心的需求？**

Klaus：在桌游设计生涯的最初，我设计游戏的目的主要是挑起自己与家人进行游戏的欲望，所以在设计时，思维里并没有框定某个特定的目标群体。直到后来，我开始为自己的孩子设计游戏——从这个层面来看，有自己的小孩真的给了我很大帮助，我可以让他们试玩自己设计的游戏，测试优劣，了解不足之处。比方说，在给Benjamin玩自己设计的游戏时，我都会在他旁边放一本米老鼠漫画，如果在游戏过程中他偷瞄了那本漫画，就说明该游戏无法引起他百分之百的注意力，我则需要令游戏的设计更完善，让其变得更有吸引力。

Benjamin：我的父亲一到周末就会问我们要不要玩游戏，对小孩子而言，有这样的父亲真的是再好不过了！毕竟在很多家庭里，情况往往都是相反的。而且在试玩游戏时，我们完全没有压力，因为父亲知道，带着愉悦的心情玩才能体会游戏的乐趣，我若没那个心情，他绝不会强求。

**日和手帖 >《卡坦岛》虽然是款桌游，却融入了人类经济生活、财务管理、概率学、统筹学、环境学与商务贸易等智慧，要设计这么一款以小见大的游戏，究竟需要掌握多大程度的专业技巧？**

Klaus：我很庆幸自己曾是一名牙科技师，从这段经历中获得的经验让我掌握了制作模型的技能，进而让我懂得如何利用特殊的成分与材料制作游戏的样板，再加上一点绘画才能和很多的热情与耐心，我自认这些都是我的技能点。

虽然曾有出版刊物称《卡坦岛》是“当代的《大富翁》”，但与《大富翁》不同，在《卡坦岛》里，某位玩家的成功是能够造福其他玩家的，实行资源垄断并不会让你胜利，毕竟在那么一座岛上，只有获得均衡的资源分配，才能让自己的经营得以持久；也有媒体称《卡坦岛》是《大富翁》“杀手”，但我从来不认为《卡坦岛》会对《大富翁》构成威胁，我只希望它能成为与《大富翁》并存的，经受得住时间见证的经典桌游。

**日和手帖 >Benjamin Teuber 先生，你为新一代《卡坦岛》注入了什么样的新鲜血液？**

Benjamin：在新桌游的开发上，我和我父亲的思考方式非常相像，我俩都倾向于围绕故事来展开设计，通过游戏实体来实现故事情节。关于《卡坦岛》，我们还有很多故事想要与大家分享，在过去许多年里，我们一直都在做着借助游戏与世界分享“卡坦岛故事”这件事。至于我往《卡坦岛》里注入了什么样的新鲜血液，要说具体体现的话，则是我与 Klaus 在将故事实体化的过程中，往往对实体故事的外观会有不一样的看法。我自认为能够改变 Klaus 的一些长期形成的定式思维，为他提供一些全新的思考角度，偶尔也会促使他对问题进行重新思考。有时新入的

《卡坦岛》很多时候成为了人们放慢自己的生活节奏、与亲朋好友共聚交流的一个理由。

点子更优，有时原创的想法较佳，新旧创意的相辅相成正是这种合作方式的美感所在，它让设计变得独一无二。

**日和手帖 > 是什么原因让你决定参与到《卡坦岛》的设计与开发中的？**

Benjamin： 我自幼便喜欢玩桌游，当然也有过“倦怠期”，不过青春期的男生都会觉得女生、朋友与派对更有诱惑力，这也是人之常情。但除了那段时期以外，我对桌游的喜爱，可以说是到了“没有之一”的程度。

我最初选择了心理学专业，后来又修了商务贸易专业，想着哪天会成为一名心理咨询师或从事与心理学有关的商贸类的工作。我也在不同的公司实习或工作过，可总觉得缺失了些什么，无法让自己全身心地投入，也就无法打从心底里喜欢上所做的工作。即便是在那个时期，我也未曾停止过玩桌游。那时《卡坦岛》已逐渐流行起来，我的哥哥与父亲都全身心地投入到了开发桌游的家族事业中，还向我提供了职位，只要我愿意，随时都能加入。直到某天，我终于发现自己想做的事，其实从头到尾都是关于桌游的设计与开发，我热爱这个游戏，也希望能够尽自己的一份力，协助这款游戏取得国际上的成功，遂决定成为家族事业的一分子，时至今日已有 7 年了，我成功找到了自己的热情，也一直保持着这份热情。

**日和手帖 >《卡坦岛》整个游戏的概念背后有着什么样的哲学巧思？你希望玩家能够从这款策略游戏中收获什么？**

Klaus： 一开始，我只是希望大家能从游戏中获得愉悦，但到后来我也确实意识到，玩《卡坦岛》这款游戏，收获的不只是快感，还有很多在思考方式上的领悟，比方说，人与人的相处，无论是在哪个领域，沟通与合作所得到的成果都要胜于分离与对抗。得到此类进阶了的或者升华了的游戏总结，让我深感安慰。

**日和手帖 >21 世纪，人类社会完全进入了速食时代，“快”已经成为了衡量功利成败的主要标准，在这样的生活环境中，你是否觉得推广如此一款需要玩家耐心的桌游是一项极为挑战的任务？**

Klaus： 此言不虚。回溯 1995 年，《卡坦岛》设计完成并开始发行的时期，当时的“快”与今日的“快”绝不可同日而语，让人“眼手不离”的手机也尚未成为人们日常生活的一部分。今时今日，手机恰恰是最容易让玩家从游戏中分心的存在。

Benjamin： 这种快速生活其实已经持续了好长一段时间，其实有不少人开始想要回归到实体模拟类游戏上。现代人终日定坐于屏幕前，手机的、电视的、电脑的，彼此间相处的社交技巧逐渐退化，甚至消失，然而，玩这么一款桌游，正好让大家有了与朋友、家人比邻而坐的理由。在游戏中聊天也好，抱怨也罢，既可举杯相庆，也可以茶代酒，这样或那样的小社交，都是在重新建立着人际联系。与此同时，手机成了我们在测试新游戏过程中，悄悄用作衡量实验品成功与否的参考之一——若试玩者在游戏过程中不断查看手机，在很大程度上说明游戏的设计存有诸多不足，试玩者若完全沉浸在游戏中而无暇顾及手机，则说明实验品与成功之间的距离不过咫尺。

**日和手帖 > 在这个彻头彻尾的电子时代，《卡坦岛》也不能免俗地被开发成手游，放弃传统的实体桌游，转向下载手机版《卡坦岛》的人不在少数，对此你有什么看法？**

Benjamin： 很多玩家之所以选择电子版本的《卡坦岛》，是为了在朋友或家人无法陪同的时候仍可以继续游戏。有些人倾向于选择联网开局，通过与其他玩家视频或互通短信的方式进行游戏，这仍可以归入社交活动范畴，所以我对手机版本的《卡坦岛》游戏并无意见。

**日和手帖 > 目前是否在进行新游戏的设计？**

Benjamin： 是的，一直如此，从未间断。

设计者希望通过这款桌游让玩家理解，要生存发展，必须互通互助、互利共赢。

# The King of Stinger: A Scientist Who Has Been Stung Tons

# 体验昆虫蜇咬 1000 次的科学家

黄永灿 / 文　贾斯汀・施密特 / 图
Huang Yongcan / interview & text　Justin O.Schmidt / photo provided

Interview with

## Justin O.Schmidt

Profile

---

Justin O.Schmidt

**贾斯汀・施密特**

现是美国西南生物研究所的昆虫学家。他的主要研究方向是昆虫蜇咬，曾走访世界各地体验各类昆虫的蜇咬并记录疼痛，《野性的叮咬》（*The Sting of the Wild*）一书的作者，2015 年搞笑诺贝尔奖（IgNobel Prizes）获得者。

Justin O. Schmidt 常常用“机会喜欢敲门然后逃跑，而我绝不会让这个机会逃跑”来勉励自己保持对研究的探索和热忱。

Justin 曾在哥斯达黎加拜访一位研究螺旋虫飞行的昆虫学家，他不经意间发现这位友人精心研制的昆虫雷达可以帮助找到一种罕见的蜂巢。于是他穿上了防蜂服，拿着飞镖和袋子，冲到群蜂聚集的蜂巢。面对这样绝佳的好机会，Justin“漫卷诗书喜欲狂”一般忍受着时不时降临面部的蜇伤，却有条不紊地收集着蜂巢里的样本。

Justin 是被学术界称为“毒刺之王”的生物学家和昆虫学家，研究自然界中蜇人的昆虫，其研究细致到从食蛛鹰蜂和汗蜂的毒液中寻找细微差别。Justin 把自己的实验室安置在亚利桑那州，干燥炎热的沙漠环境使得那里拥有丰富的昆虫种类。在他的实验室里，各种盒子、罐子里都饲养着他采集来的研究对象，从只有几毫米大小的收获蚁到凶猛强壮的巨鞭蝎、沙漠蛛蜂。每个容器上都用标签细细写好名称、采集地点、编号等内容。

Justin 最初是一名化学领域的科研人员，但他后来才意识到自己“不太喜欢化学家或化学实验室的气味”。某个圣诞节，Justin 学动物学的第一任妻子黛比，给了他《黄蜂农场》一书，作者对黄蜂的观察过程几乎是小说性的描述，让 Justin 由此生发了解昆虫神秘生活的渴望。后来，在格鲁吉亚大学的研究生院里，他和黛比在收集“收获蚁”(Pogonomyrmex)的标本以确定它们毒液的化学性质时，两个人都被蜇了。这番蜇咬引起了他们“深刻的如撕裂一般的痛苦”，尽管如此，Justin 却对此意犹未尽。

为了系统研究昆虫叮咬的强烈程度、毒素反应以及对人体的影响，从而获得一手资料，Justin 做了让人难以想象的大胆尝试：亲身体验各种昆虫的叮咬，至少 1000 次！在一般人早就疼得哭天抢地、失去理智的时候，Justin 忍痛详细地记录下了每一种疼痛的时长、感觉、类型，并为这些疼痛制定出了一套共分 4 个等级的标准分级，最终将研究经历和成果著写成书《野性的叮咬》(*The Sting of the Wild*)。Justin 用了一连串的形容词来界定最高级别的痛感：绝对的、极度的疼痛，让人完全虚弱而丧失反应能力，一种将你直接击倒的绝对痛楚，无论做什么也无法帮助减轻。“纯正、强烈、汹涌的剧烈疼痛，就像赤脚走在烧红的木炭上，同时还有 3 英寸长生锈的钉子扎入脚后跟里”，被凶猛的子弹蚁蜇咬能让人的疼痛持续 5 个小时，却被 Justin 描述得像是食客在点评饕餮大餐一样津津有味。

在所有人都对他在研究过程中的付出和承受的痛苦大惊小怪时，Justin 却轻描淡写地说：“研究昆虫是我的事业，挨几次咬不过是我事业追求过程中的一部分罢了。”2015 年，Justin 凭借此项研究斩获搞笑诺贝尔奖（Ig Nobel Prizes）生理学和生物学类奖。

搞笑诺贝尔奖是对诺贝尔奖的有趣模仿。其名称来自 Ignoble（不名誉的）和 Nobel Prize（诺贝尔奖）的结合。主办方为科学幽默杂志《不可思议研究年报》，评委中有些是真正的诺贝尔奖得主。其目的是选出那些“乍看之下令人发笑，之后发人深省”的研究。

为了系统研究昆虫叮咬的强烈程度、毒素反应以及对人体的影响从而获得一手资料，
Justin 做了难以想象的大胆尝试。

# >>> < JUSTIN O. SCHMIDT

HIYORITECHO / JUSTIN O. SCHMIDT

**日和手帖 > 能说说你的疼痛量表吗？**

疼痛量表旨在区分由不同昆虫蜇伤引起的疼痛程度。两个不同的疼痛指数（例如，1 和 2）相比，大的数字比小的数字对应的疼痛感更强烈。譬如，被黄蜂和汗蜂（通常所说的“小蜜蜂”）蜇伤后，不言而喻，前者更让人痛苦，所以黄蜂蜇伤的疼痛指数比汗蜂大。如果两种昆虫叮咬的伤害大致相同，换句话说，你不能确定哪一个伤害更大，那么它们就会被划分到相同的指数类别里。与此同时，根据经验和反复的试验尝试，在疼痛量表中说高一级指数对应的痛感是较低一级指数的十倍左右。比如，十次汗蜂蜇伤所产生的痛苦与一次黄蜂蜇伤所产生的痛感相当。

**日和手帖 > 作为一名昆虫学家，你专注于膜翅目昆虫的研究，你认为这是一项有趣的事业吗？**

这绝对是一项生动有趣的事业，追寻这些昆虫足迹的过程充满了挑战和悬念，是对我们生息繁衍所在的地球的一次探索。

**日和手帖 > 你周游世界寻找昆虫并被它们蜇伤，感受疼痛。在你的工作中，你遇到过非常危险的情况吗？**

我碰到的最危险的情况之一就是得深入到流行疾病肆虐的地方，比如疟疾或恙虫病等疾病肆虐的非洲某些地区。除此之外，就是研究过程中碰到的难题。在研究黄蜂时，由于它们的蜂巢往往筑造在高处的树杈里，我必须想尽办法爬上高大且不稳定的树木才能到达黄蜂巢。总会碰到树枝折断，我摔得仰面朝天的情况。

**日和手帖 > 你认为你发明的疼痛量表的现实意义是什么？**

疼痛量表不仅带给人们关于昆虫的美学哲理，也帮助我们了解这些昆虫蜇咬的原因。立足于探索自然科学之美的出发点，疼痛量表的出现极大地推进了人类对自然理解的历程。

**日和手帖 > 对于昆虫蜇伤引起的不同类型的疼痛，你是怎么找到描述它们的语言的？**

对我而言，无非就是放空大脑，然后广泛阅读并思考，有时候会做一些遐想。这是一个饶有趣味的过程。

**日和手帖 > 除了体验生理上的疼痛之外，你认为工作中最困难之处是什么？**

我不认为我的工作很艰辛，相反，它是一种快乐。有时工作会变得乏味，比如在一个实验中，我们必须解剖几千只蚂蚁然后收集毒液，每只蚂蚁需要 3 到 4 分钟的时间来收集毒液。尽管如此，这些工作的结果却是令人欣慰的。

**日和手帖 > 了解到你写了一些关于你工作的书籍，你想让人们从你的书中获得些什么？**

对科学真理探索的好奇心和热忱。我希望通过这些文字作品传递一些信息：我们只是自然界的一小部分，我们应该珍惜我们生息繁衍的生物世界，而不要把这个世界的其他生物视作敌人或者敌对力量。

**日和手帖 > 你尝试过不同国家和地区的昆虫蜇咬，它们蜇人的疼痛等级会因地区的不同而不同吗？疼痛等级的不同是由什么造成的？**

昆虫蜇伤的疼痛程度主要取决于昆虫类型，而不是地理位置。例如，最常见的黄蜂无论来自中国还是日本、法国，抑或是北美，被它们蜇伤时产生的痛感几乎是

Justin 做了让人难以想象的大胆尝试：亲身体验各种昆虫的叮咬，至少 1000 次。

一样的。刺痛的不同特征主要由毒液的化学成分决定，因此基因相同且产生的毒液成分也相同的昆虫，造成的疼痛感显然也相同。

**日和手帖 > 你觉得哪一种昆虫毒液是最有意思的，为什么？**

在我的印象中，有许多昆虫毒液出于不同的原因会使人产生千奇百怪的“中毒”症状，这一点妙趣横生。大概最有趣的毒液应当数子弹蚂蚁的毒液了，它几乎和其他蚁类和毒性物种产生的毒液机理都不相同，其呈现出深厚的药理学和毒理学特性令我着迷；食蛛鹰蜂毒液的神奇之处在于它可以造成人体剧烈的短期疼痛，但是没有毒性；收割机蚂蚁的毒液构造非常复杂，并且根据我已知昆虫资料的记载，它的毒性是目前对哺乳动物伤害最大的。

**日和手帖 > 你的疼痛量表里是否还有需要增加或者更改的东西？**

疼痛量表已经很好地达到了我的初衷，就目前而言，我还没有预见任何需要调整的必要性。当然，总是会有一些新的昆虫被添加到列表中，地球生物的多样性和复杂性一直在持续更新，我会在机会出现时更新疼痛量表。

**日和手帖 > 中医认为“以毒攻毒”，你是否发现了一些有医疗用途的昆虫毒液？**

取自蜜蜂的毒液用于治疗自身免疫性疾病的蜂疗，在传统医学中已经存在了好几个世纪。毒液也用于免疫治疗，有时也称为过敏注射，用于预防或减少未来的过敏反应。基于这一点，我们刚刚开始研究蜇咬类昆虫的医疗潜力，我期待未来会发现一些医疗用途。

**日和手帖 > 昆虫蜇伤人并让人产生疼痛的机理是什么？**

昆虫叮咬引起疼痛的最常见机理是通过破坏细胞膜的小蛋白质或肽。如果被破坏的细胞膜是神经细胞的一部分，则会引起疼痛，比如来自蜜蜂的蜂毒肽、来自黄蜂的黄蜂激肽和来自收获蚁的巴巴毒素，都是遵循着这样的机理。其他毒液的机理也有通过直接针对神经中的特定疼痛受体引起疼痛的，比如食蛛鹰蜂的毒液。

**日和手帖 > 你最新的研究是什么？**

目前我们正在研究如何使用各种昆虫毒液来缓解人们的慢性疼痛。食蛛鹰蜂、天鹅绒蚂蚁和收割机蚂蚁毒液是很好的候选研究对象。

**日和手帖 > 搞笑诺贝尔奖授予那些“使人们发笑然后思考的”科学家，作为这个奖项的获得者，你有什么感想？**

颁奖过程很有趣！我因为创造 Justin 刺痛疼痛量表而斩获生理学和生物学类奖。颁奖仪式于 2015 年 9 月 17 日在哈佛大学举行。获奖者被授予一张写着“你获得了搞笑诺贝尔奖”的纸质证书，以及 10 万亿津巴布韦币（约合 0.2 元人民币）。为此，我深感荣幸并备受鼓励。

Justin 研究自然界蜇人的昆虫，其研究细致到从食蛛鹰蜂和汗蜂的毒液中寻找细微差别。

# A New Era for Origami: The Magic of Origami and Math

Interview with

## Robert J.Lang

# 折纸与数学的火花

姜俊彦 / 文　罗伯特·朗 & 凯文·博克斯 / 图
Jiang Junyan / interview & text　Robert J.Lang & Kevin Box / photo provided

Profile

Robert J.Lang

**罗伯特·朗**

美国物理学家，曾在 NASA 工作，研究激光，2001 年离职成为顶尖折纸艺术家和理论家。

很多人小时候都玩过折纸，用手边各式各样的纸张，摆弄折叠出可爱的小动物、轻巧的纸飞机等，再复杂一点儿的有纸片人、纸汽车或者植物等。然而，折纸也可以变成十分精妙的数学算法，可能会卖出几百万元的高价。折纸的每一步都是复杂的艺术和科学的完美结合。

Robert J.Lang 做到了，他将数学原理与美学结合，运用于现代折纸艺术中。他运用精妙的科学算法完成了许多相当复杂的折纸任务。折纸对他而言就好像是一个等待破解的数学题，有趣又颇具挑战性。如今折纸已经不是小时候那些简单的作品，它俨然成为了一种类似于雕塑的艺术形式，只不过材质是纸张。

Robert 对于折纸的热爱萌芽于 6 岁那年，小学老师因为想不出招数应付有太多兴趣爱好的 Robert，于是就将一本关于折纸的书送给了他。出乎意料的是，自此之后，Robert 对折纸产生了非常大的兴趣，凭着自己对纸和图形的敏锐观察和感知，他开始不满足于简单的折叠，他甚至开始自己研究和计算，从而设计出了属于自己的折纸模型。从那以后的很长时间，折纸成为了他生活里最大的乐趣，他在演讲中提到，自己使用父亲的废旧商务用纸来折纸，这个习惯一直持续到他的大学时代，上大学之后折纸已经成为了他解压的一种方式。不仅如此，他还加入了美国折纸协会，与各种折纸的专家和大师们一起精细地研究折纸。那段时间他的爱好渐渐变成了专业，经过几十年对于折纸中数学结构的研究，他逐渐发现：不论多么复杂的形状，最后都是有可能被折叠出来的，这其中需要的是精准数学模型的构建。一旦构建成

英雄的马
2014 | 金属材质艺术装置作品
由 Robert 和 Kevin Box 共同制作完成

为和平飞翔
2015 | 金属 & 石材质艺术装置作品
由 Robert 和 Kevin Box 共同创作完成

功，再写好步骤，就可以按照这个模型折叠出许多复杂的昆虫、人物或者其他任何造型了。

折纸的历史非常悠久。早在1700年左右的日本文献记载中，就能看到妇女、儿童折纸的记录，那时候大多是折千纸鹤。经历了这么长的时间，折纸的形式似乎一直是简单、单一的，直到近代才添加了一些新的元素。20世纪初，一个叫吉泽的日本人，本着对折纸的浓厚兴趣，研究出了上万种创新的折纸形式。他的创作多是由点线来定位，然后利用箭头创造出一种可以明确指向折纸方向的，专属于折纸的语言。把一张纸摊开，根据箭头所指的方向和折线，可以大概在脑海里计算出折叠出来的最后形状，这对于折纸的发展有极大的帮助。因为折纸的本体就是一张普通的纸，人们需要通过无数次的折叠表达出自己想要的图案，图案越复杂，所需要计算的地方就越多、越精密，从而折出来的形状也更细腻。对很多折纸艺术家而言，这也正是折纸的乐趣所在。

其实不难想象，能让折纸变得越来越复杂精细的，正是数学。正如Robert在我们的采访中提到自己的数学和光电子研究给折纸研究带来了巨大的帮助。Robert还在他的演讲中说道，其实，在各种领域中，包括折纸，都有一个共同的秘密，即让已故的人们来帮助你。在人类漫长的发展过程中，所有问题的答案都蕴含在已经被解决过的问题中，因而现在只需要找准方向，然后去使用对方已经给出的答案。Robert认为这个理论在折纸的过程中同样适用。专业的折纸是很精确地根据折痕图来的，它有四个非常简单易懂的基本法则：第一，只用两种不同的颜色来折叠；第二，要保证这两种颜色在折叠过程中互不相邻；第三，峰线和谷线必须要相差两条；第四，如果观察折痕的角，并给每个圆里的角编号，就能发现奇数和偶数分别构成了两条直线。只要遵循这四条原则，无论多么复杂的图形都有可能被创作出来。

随着折纸技术的发展，越来越多专业的折纸手艺人出现，折纸也不再只是小时候闲来无事拿起手边的纸，叠一个纸飞机或者千纸鹤这么简单的定义。Robert在他的TED演讲里给观众展示了一款汽车广告——其中除了汽车这个商品之外的一切物件都是由折纸制作而成的，而电脑的特效技术又使得这些折纸能够做出连贯的动作，就好像制作黏土动画一样，十分有趣和新颖。

除此之外，折纸和制成折纸品的原理开始被广泛运用到现实生活中，在生活中的各个领域渗透，譬如医药学、科学、宇宙探索、人体、家用电器等。受到折叠模式的启发，日本的一位工程师甚至将这个原理应用于太阳能电池的设计中，甚至在詹姆斯·韦伯太空望远镜（JWST）的制作中，也加入了非常简单的折纸元素。

正如Robert所说，他之所以喜欢折纸，很大程度上是因为自己喜欢挑战，喜欢那种解决问题所带来的喜悦之情。很多喜欢折纸的人，通常都是善于解决问题的人，因为按照折痕图折纸就像是破解一系列的谜题，而折纸的乐趣正在于此吧。

白色野牛
2012 | 不锈钢材质艺术装置作品
由 Robert 和 Kevin Box 共同创作完成

# >>> < ROBERT J. LANG

HIYORITECHO / ROBERT J. LANG

**日和手帖 > 你是在什么时候发现自己对折纸的热情？有什么特别的事情发生，导致你选择离职，然后把折纸作为现在的职业吗？**

我在 6 岁的时候就发现了自己对折纸的热爱。很早以前我就一直想写一本书，后来我发现只有当我全职做这件事情的时候我才能完成这本书，所以我辞职了。自那时起，我开始研究与折纸相关的顶尖知识。当我完成了这本书，折纸就自然而然变成了我的一个成熟的职业。

**日和手帖 > 你曾在 NASA 工作，在那里研究激光，并且获得了 46 项关于光电的专利，这些充分展现了你在这个领域的才华，然而你为什么毅然放弃了这个工作？**

虽然激光和光电子学很有意思，但折纸对我更具吸引力。而且当我深入研究折纸所用到的数学原理和工程应用的时候，我发现折纸所带来的数学和科技的挑战，跟我在做激光研究的时候一样有趣。

**日和手帖 > 你在 TED 演讲中提到运用数学来解答折纸问题，你觉得折纸更像是科学还是艺术？**

我觉得它不是其中任何一种，它需要依靠科学和艺术的结合。有些项目更偏科学，有些更偏艺术，它们都存在于一个连续统一体之中。

**日和手帖 > 对于那些做着一份工作却也希望把自己的爱好发展成职业的人有什么建议吗？**

路易斯·巴斯德（Louis Pasteur）说过："机会垂青那些有准备的人。"这是我最喜欢的一句话。所以我的建议是，你需要各种相关领域的学习：艺术、数学、科学，或者折纸。然后寻找一些小的机会，并且做到最好，因为这些将为你带来更多和更好的机会。

**日和手帖 > 你的很多作品都是与自然或动物有关的，它们是不是最能激发你的灵感？你有什么特别喜欢的创作主题吗？**

我喜欢各种主题和挑战，在折纸的世界里，我没有特别偏好的题材。我喜欢动物和几何，喜欢因为灵感创作，也同样喜欢依靠算数来创作。

**日和手帖 > 下一步你有什么有意思的计划可以跟我们分享吗？**

上周我刚有一本新书出版，后面几个月我会编辑另外一本科学类的书，同时还在进行一些给商业客户做的技术项目。在艺术方面，我正在组装一个组合来描绘一个旅行展览。除此之外的空闲时间里，我应该会继续创作一些新的艺术作品，这要看灵感缪斯何时到来。

折纸作品：黑豹

折纸作品：花朵

# "Rolling Master" in the Field of Pinball

Interview with

## Steve Ritchie

# 弹球界的『流动大师』

陆冉 / 文　史蒂文·里奇 / 图
Lu Ran / interview & text　Steve Ritchie / photo provided

Profile

Steve Ritchie

**史蒂夫·里奇**

1950 年出生于美国旧金山，著名弹球游戏设计师、游戏配音演员。

以星球大战为主题的弹球机。

Steve Ritchie 是一位备受赞誉的弹球和视频游戏设计师，他曾创下历史上最畅销的弹球游戏的纪录。由于他的设计强调球的速度、回圈以及长而流畅的"投篮"路线，他被弹球爱好者称为"流动大师"。

1968 年至 1972 年，在越南和阿拉斯加州的美国海岸警卫队服役后，Steve 于 1974 年加入雅达利公司，成为第 50 名雇员，并开始在流水线上担任电子机械技术员。两年后，他被调往弹球师队工作，在那里他制作了自己的第一款游戏——《机载复仇者》。之后 Steve 获得了基于超人漫画书改编制作超人弹球游戏的许可证，但在桌子制作的最后阶段，他收到了大型弹球公司威廉姆斯电子的工作邀请。

Steve 搬到了伊利诺伊州的芝加哥——威廉姆斯电子的总部所在地。他在该公司制作的第一款游戏——Flash, 以革命性的 8 字形设计而闻名，也是第一款以闪光灯为特色的弹球游戏。这是他最畅销的弹球游戏，总共卖出了 19505 台。

1980 年，Steve 设计了 Firepower，一款以多球、轨道改变为特色的游戏。八个月后，他设计了 Black Knight, 以首次拥有两层运动场和专利的 Magna-Save™ 装置而闻名。

接下来是《罗勒小游戏》(基于在游戏制作前被取消的同名电视节目)，这是一款带有大声粗犷配乐的游戏，以及第一款以主流广告为特色的游戏。之后 Steve 设计了《终结者 2：审判日》，并在其中展示了阿诺德 · 施瓦辛格的声音和肖像。

1993 年，Steve 发行了一款宽体游戏《星际迷航：下一代》，许多弹球迷都认为这是 Steve 最好的游戏。对于这场比赛，Steve 招募了 TNG《星际旅行：下一代》的全体演员，包括帕特里克 · 斯图尔特、迈克尔 · 多恩和乔纳森 · 弗雷克斯，重演他们的角色。该游戏销售了 11728 台，这是最后一台 5 位数字销售额的弹球机。在 1995 年的《无惧：危险的体育》结束后，Steve 离开了威廉姆斯，他认为他可以通过在新收购的雅达利游戏中制作视频游戏来更好地为威廉姆斯服务。1996 年是弹球销量逐渐下降的开始，从那之后几乎所有弹球制造商都不得不关门大吉。

作为高级职员，Steve 于 1996 年回到雅达利游戏。在那里，他设计和制作了赛车游戏《加利福尼亚速度》。该游戏的总销售额约为 4000 万美元，制作团队由 16 名视频程序员和艺术家组成。

Steve 还是威廉姆斯、米德韦的视频游戏以及自己多款游戏的配音演员。他以在格斗之王真人快打系列（MKII、MK3、UMK3、MKT、MK:SM）中扮演 Shao Kahn 的声音而闻名，还在《黑骑士》和《黑骑士 2000》中扮演黑骑士的声音，以及《无惧》中恶魔的声音等。

# ››› ‹ STEVE RITCHIE

HIYORITECHO / STEVE RITCHIE

**日和手帖 > 你在很小的时候就对弹球感兴趣了吗？**

我从 5 岁开始玩弹球，我的父亲和叔叔在他们年轻的时候也爱玩，而且他们一生都是如此。后来在我 9 岁的时候，我的父母开始打保龄球，他们加入了加州一个保龄球联盟，加州是我们的居住地。

我特别爱玩弹球，每次我和父母一起去保龄球联盟，他们给我四个 25 美分的硬币，我就将它们都投入弹球机器里。游戏成本是 3 场 25 美分，或 10 美分一场比赛。我试着赢得游戏，如果我赢了，就可以在我父母打保龄球的时候一直玩下去。

**日和手帖 > 能告诉我们一些你早期在雅达利的事情吗？**

我是雅达利的第 50 名员工。1974 年，我开始在那里工作，担任电子机械技术员，一年后，我被要求帮助组建一个弹球部门，并担任原型主管。我从一位来自芝加哥威廉斯的工程师那里学会了如何建造弹球游戏机。他设计了两个游戏场，我制作了他的原型游戏。在原型实验室工作了大约 2 个月之后，在贴有空白弹球游戏场的纸上，我开始了自己的游戏设计。我是在家里按自己的时间进度制作游戏。

当我完成了自己的设计，把它展示给我的上司，并问他能否让这个成为公司的一个项目时，他很坚决地说："不！只有专业的工业设计师才被允许在我的部门里制作游戏。"我备受打击。

第二天我要求和公司老板诺兰·布什内尔先生谈论我的游戏设计，他看了我的设计图，了解到这是我在工作之余自己创作的，他说："你知道吗，从这儿走出去，成为一个设计师吧！"公司给了我一间单独的小房间，里面有一张绘图桌、一台绘图机器和一个电子擦。我制作的第一款游戏是《机载复仇者》，这是一款街机游戏，销量特别好。在这之后，我开始制作基于超人漫画书的主题弹球游戏。

**日和手帖 > 你对弹球行业最大的担忧是什么？**

我对生意衰退或萎缩的迹象时刻保持着警惕。到目前为止，我曾在 3 家弹球公司工作过，这些公司要么倒闭，要么勉强存活。它是一个很难制造的产品，劳动力成本也很昂贵。自 20 世纪 70 年代我在雅达利工作以来，弹球行业的形势一直都是具有周期性的。

在斯特恩，事情看起来很棒，我们在 2017 年建造和销售了创历史纪录数量的弹球机，自从大萧条结束以来，我们的销售一直很好。我学到的一件事情是，一个伟大的弹球游戏，会推进整个行业前进。

**日和手帖 > 在《格斗之王》中的配音让你在中国首次被大家知道，你认为这个职业给你带来了什么？**

以星球大战为主题的弹球机。

从 1980 年开始，我一直在为弹球和电子游戏做配音工作。我喜欢做配音工作，我有过很棒的教练，他们帮助我在录音棚很好地完成工作。我将为我目前正在做的项目做主要的配音工作，这对我来说有着很大的乐趣。这也是一种能确切传达玩家应该为什么而射击，以及我希望玩家在玩时，有怎样的一种感觉的方式。我可以创造一个传达愉快、成功、幽默、愤怒、沮丧、侮辱、嘲笑、祝贺、幸福、复仇等许多情绪的声音环境。在弹球和电子游戏中，对任何设计来说创造兴奋都是必要的。

**日和手帖 > 你参加过许多弹球表演，这些表演有哪些积极的意义？**

我去弹球表演的地方演讲，和那些弹球狂热者一起交流。现在世界上有很多地方都有弹球表演，越来越多的人在表演之中接触到弹球文化，这比任何形式的广告都要有效。

人们受到邀请去看这些节目，最后都会为家里买一台弹球机。最好的弹球秀上，会展示最新的游戏，人们可以玩两到三天。这是大型的娱乐活动，有许多弹球机以及其他类型的游戏，比如商业平台模型电子游戏。通常有很多销售商会销售弹珠零件、创新的附加产品和小玩意儿。任何人都可以参加弹球比赛，不限年龄和经验水平，现在每年有数万人参加弹球活动，而且还在逐年增加。

**日和手帖 > 你觉得有什么办法能让经营者重拾对弹球的兴趣？**

弹球是在这里发展起来的，事实上，在美国，多数的经营者还没有对弹球失去兴趣。许多新的运营商一直在开发游乐中心和家庭娱乐中心的弹球市场。在美国，一种较新的游戏机构正变得越来越受欢迎，它们被称为 Barcades。他们通常会提供酒类饮品，玩家必须年满 21 岁才能喝酒、玩游戏。

弹球已经成为美国和其他国家的一种社会现象。斯特恩是唯一一家提供专业型号弹球的公司，价格也很合理。我们的游戏可以赚到很多钱，而最棒的一点是，弹球游戏机有转售价值，当游戏变得更老并且不需要和新的模型一样高的价钱时，弹球机器可以在出售时提供非常好的投资回报。我们的许多客户都是业主，他们购买并收集家用游戏室的弹球机。在采购前，还有许多人会去游戏厅查看最新的游戏，看看这些游戏对他们是否有吸引力。

# FEATURES

# Photogallery

# 方寸之间，想象另一个“平行世界”

# CREATIVELY EXPRESS HOW YOU LIKE TO SEE THE WORLD

金慧妍 / 文　　杰奎 · 肯尼 / 图

**Jin Huiyan** / interview & text　　**Jacqui Kenny** / photo provided

Profile

Jacqui Kenny

**杰奎 · 肯尼**

居住于伦敦的旅行摄影师，以“广场恐惧症旅行者”（The Agoraphobic Traveller）身份和富有创意的作品活跃于 Instagram（一款提供图片及视频分享的社交应用软件）。用谷歌街景（Google Street View）截图的方式，创作了近 27000 张摄影作品，于 2017 年 10 月在纽约举办首次个人展。

**汽车之家，吉尔吉斯斯坦**

建筑的影子，美国

仙人掌，美国

**公寓楼，蒙古**

**游乐场，秘鲁**

**绿色工人，阿拉伯联合酋长国**

Jacqui Kenny 是一位特别的旅行摄影师。从蒙古、塞内加尔到智利、秘鲁，偏远的城镇和尘土飞扬的街道，建筑瑰宝和无名的路人……她的作品取材于世界各地丰富的自然景观和生活场景，但在创作过程中，她从未使用过任何摄影器材，更没有真正出门旅行过。“我可以通过谷歌街景，飞到遥远的秘鲁，去完成我的作品，但在现实生活中，我甚至要拼尽全力去找到那条回家最快捷的路线。”因为患有广场恐惧症，她的家变成了她的“避难所”，于方寸之间设置了她生活的边界，而就在这样一个“看不见风景的房间”里，她为自己打开了另一扇“窗”，去想象另一个“平行世界”。

Jacqui 出生在奥克兰，成年后来到伦敦工作生活，曾是一家制作公司的创意总监。10 多岁的时候 Jacqui 就对旅行和摄影产生了浓厚的兴趣，并立志成为拍摄《国家地理》杂志图片的那种摄影师，不幸的是，后来她很难再出门远行，年少时的梦想就这样化为泡影。

大概九年前，Jacqui 被诊断为患有广场恐惧症 (Agoraphobia)。广场恐惧症属于一种焦虑症，它不是对开放空间的恐惧，而是对人群繁杂的公共空间和远离“安全区域”的恐惧。广场恐惧症患者害怕失去控制，并要极力避免感到恐慌、无助和尴尬的情境。情况糟糕的时候，去楼下的超市对 Jacqui 来讲都是一个极大的挑战。“即使是那种最短距离的旅程，于我而言都像是在攀登珠穆朗玛峰。”

两年前，Jacqui 作为联合创始人经营了十年的公司关闭，这使她的病情进一步恶化，Jacqui 也全然没有做好准备，不知该如何去面对周遭的世界。但与此同时，Jacqui 也清楚地知道——“要用一种创造性的方式，去帮助自己消除负面的想法，去抵抗焦虑的情绪。”

很快，Jacqui 开始搜索谷歌街景，并从中找到了一种创造性的可能。当她点击谷歌地图时，她似乎离开了伦敦“闭塞”的家，“穿越”到了一个个遥远的国度，“降落”在一处处陌生的山河湖海与街道小巷。一个平行于她的现实生活的“美丽世界”拔地而起。这一切重新点燃了 Jacqui 对摄影的热情，她开始以截图的形式将这些惊喜与发现捕捉下来，Jacqui 发现那些画面也可以像传统摄影一样美丽而充满情感。

“广场恐惧症和焦虑症限制了我出门旅行，但是我找到了另一种方式去看世界。”Jacqui 就这样一点一点探索现实生活中难以抵达的地方，目前为止已完成了近 27000 张截图。

Jacqui 坦白起初她并不勇敢，对自己的截图作业感到焦虑，后来她索性把网络社交平台上的自我介绍改成了“广场恐惧症旅行者”。Jacqui 把她的截图上传到图片分享平台，并在社交网络开放地谈论自己的病情，与同样患有焦虑症、跟精神疾病抗争的人们交流。

令 Jacqui 倍感惊喜的是，这个始于对限制的抗争、富有创意的艺术手段，最终使她的日常作业逐渐发展成了一个艺术项目，而社交网络上这些来自世界各地的人也最终帮助她、鼓励她走出了“舒适区”。2017 年 10 月，Jacqui 因为在纽约举办的首次个展，时隔多年迈出脚步，踏上了一段真正的旅程。

Jacqui 也将这个艺术项目视为限制与创造之间的博弈。“我可以通过谷歌地图在世界各地飞行，随时随地着陆，但也被街景图片中既定的摄影机角度和固定的画框所限制。”而 Jacqui 也在这些限制中发现了独特的美感，并将此发展为一种极具个人风格的艺术形式。正如广场恐惧症限制了她出门旅行，她就以自己的方式打开另一个“平行世界”。起初，她试图寻找创造性的方式来度过艰难的时刻，而如今，这不仅帮助她减少了恐慌，更使她想要更多地出门旅行。

这个位于阿雷基帕的海边游乐场，是 Jacqui 最爱的风景之一。

黄色的墙，墨西哥

# >>> < JACQUI KENNY

HIYORITECHO × JACQUI KENNY

**日和手帖 > 在意识到自己有广场恐惧症之前，你去过哪些地方旅行？旅途中有什么让你印象深刻的事情吗？**

在我的广场恐惧症和焦虑症使得旅行这件事变得很困难之前，我也走过很多地方。但是现在回想起来，我似乎从未在旅行过程中获得过舒适的感觉。我记得我曾在意大利阿马尔菲海岸（Amalfi Coast）度过了一个美好的假期。当时我是跟一位朋友同行，她是一名摄影师兼电影导演，她给我上了几堂“摄影课”，教我如何捕捉眼前的美景。不幸的是，在那里我也经历了一场可怕的恐惧症发作，这也是我病情恶化之前最后的几段旅程之一。

**日和手帖 > 你第一次打开谷歌街景时是什么情境？你当时的所思所想是什么呢？**

有一天，出于好奇，我开始探索谷歌街景。我记得当时我是从巴西的里约热内卢开始的，我瞬间就被这座城市的美丽和鲜艳的色彩所吸引。以前我只会因为一些实用目的而去使用谷歌街景，从未想过要用它来探索发现世界各地令人惊奇的地方，并用它来表现我的创意。我当时也对摄像机的高度以及 360 度全景摄影很感兴趣，因为这些赋予了街景图一些“扭曲”“怪异”的感觉。

**日和手帖 > 是什么促使你继续做这件事？它是怎样逐渐变成一个艺术项目的？**

我是一家经营了十年的制作公司的联合创始人，公司在 2016 年年初关闭，这个事实将我置于黑暗绝望的境地。我感觉自己很失败，也没有做好准备怎样面对这个世界，同时我的广场恐惧症也变得越来越糟糕。我决定启动一个创意项目，来帮助自己保持专注、积极的状态。在妹妹的提醒下，我想起了一年前截取的谷歌街景中的图片，我决定重新捡起这项作业。幸运的是，这个过程让我变得越来越兴奋，我发现自己正无休止地寻找那些魔法时刻，并将它定格封存。我完全沉浸其中，

骆驼，阿拉伯联合酋长国

它的可能性是无穷无尽的。我喜欢探索一些我过去从未听闻的偏远地区，从一个国家“跳”到另一个国家，乐此不疲。最激动人心的，就是当你找到那些特别的情景的时刻，它们“可遇而不可求”，但它们就在那里，你需要做的，只是坚持不懈地去寻觅，一直到你找到它。

后来，我决定把我捕捉到的图片发布到图片分享社区。这一切带给了我全新的意义，让我打开了一个全新的世界。我开始跟世界各地的人们沟通交流，从他们身上得到的鼓励给了我将这个项目继续下去的动力。我认为图片分享社区是我的“故事”讲述中非常重要的一环。

**日和手帖 > 前段时间，你因为自己的首次个展，时隔多年走出“舒适区”飞到了纽约，我知道这对你来讲是非常艰难的，同时它也是一个激动人心的“梦幻时刻”。你当时的心理活动是怎样的？迈出那一步，对你来讲意味着什么？**

那的确是非常激动人心的体验。我确实也算应对自如，但我认为，这和很多人围在我身边支持我有着密不可分的关系。在飞机上，甚至有四个人陪着我，这给了我非常大的帮助。我也意识到，自从我公开了我的广场恐惧症，事情就变得简单很多。我最大的恐惧就是失去控制，怕在众人面前让自己尴尬，但现在我可以慢慢地去战胜这种恐惧了。在这个项目开始之前几乎没有人知道我有广场恐惧症，而我所做的所有努力就是保护好我的“小世界”，希望不要被别人发现。尽管当下围绕精神健康的讨论非常普遍，但谈论这个问题仍会让人有一些“羞耻感”。而那一次，围绕在我身边的每个人都很热心积极，这令我惊喜万分，也让我有动力更加努力地去工作。

展览本身更是令人难以置信。谷歌是赞助商，并帮助我完成了一场非常精彩的“秀”。我邀请我的粉丝参加展览的开幕，最终约有 300 人出现在现场。能在现实生活中见到他们是一次非常美妙的体验，我为自己获得了这样的机会而感到非常幸运。

**日和手帖 > 看到你的作品，使我想起了儿时“独自在家”的情境，不能出门但对外面的世界充满好奇和想象。任何限制都关不住一颗自由的心，你怎么理解生活中的限制和创意想象之间的关系？**

我始终对这个世界充满了鲜活的想象力，特别是对那些“超现实”或者说主流视野之外的世界感兴趣，那些地方常常会颠覆我的固有认知。谷歌街景给了我这样一个平台，去富有创意地表达我所钟爱的看世界的方式。我从未真正到过那些地方，所以我觉得用这种方式想象它是很有趣的。我不是一个作家或者演说家，图像是我跟这个世界沟通交流的最佳方式。

**日和手帖 >“广场恐惧症旅行摄影师”听起来像是个悖论，将不可能变成可能，这是有“少年之心”的人才会做的事，将两个看似矛盾的概念“摆放”在一起，你的出发点和想传达的理念是什么？**

修墙，墨西哥

当我决定开始做一个“广场恐惧症旅行摄影师”的时候，我正经历一段相当艰难的人生时期。当时，为了改变自己的处境，我需要用一种可行的方式去跟现实抗争。“不能让你的局限性阻碍你实现你的目标，它们并不能去定义你。”去证明这一点，对我来讲是非常重要的人生课题。我想表达的是，事实上，所谓的局限性，所谓的现实困境，有时你可以利用其反作用力，让它们为你所用。

利用这个项目来战胜围绕精神健康问题的“羞耻感”，同时也让人们更好地去了解广场恐惧症，这对我来讲也是意义重大的。

**日和手帖 > 我们知道你从小就是个摄影爱好者，但不幸的是，后来因为疾病不能出门，你没能成为十几岁时想象的那种《国家地理》摄影师。现在年少时的梦想以另一种方式照进现实，你的感受是怎样的？**

我对现在这样的状态非常满足。我的经历也在说明这样一个道理：要始终保持对梦想的热忱，要以积极乐观的心态去观望，要以开放的姿态去等待和接纳它们可能呈现出来的不同方式。正如我们所知，现实生活往往会阻碍我们实现自己的梦想，有时它是在提醒我们，要去重新审视和思考。我很高兴儿时的梦想以现在这样的方式在我的人生中有了回音，因为现在我可以和来自世界各地的人们交谈，去谈论从心理健康、摄影、科技到旅行的各种话题。我有来自192个国家的关注者，去和他们分享我捕捉到的图像和故事，这些放在20年前我是绝对想不到的！

**日和手帖 > 你认为你的作品风格和特征是什么？**

我认为我的作品通常会表现出一种“与世隔绝”的感觉，但另一方面，我又认为它们是丰富多彩而充满希望的。我喜欢在日复一日的生活场景中寻找那些非凡而梦幻的“魔法时刻”。我喜欢搭配色彩，比如蔚蓝的天空和尘土飞扬的城镇。我为自己在搜寻世界不同角落的过程中所发现的相似性和巧合而喝彩，当然也会突出表现不同地域的独特性。当我找到自己喜欢的画面的时候，通常也会联想到一些电影里的小场景，比如联想到韦斯·安德森（Wes Anderson）的画风，我享受自己的思绪像这样不受时空限制地四处飘移。我仍然在摸索自己的风格系统，说实话，在别人指出之前，我甚至没有意识到我已形成了自己的风格。起初，我只是捕捉一些我

紧握的手，蒙古

在塞内加尔清真寺外的女人。

"我有很多事情想去尝试，
我想去更多国家展示我的作品。"

个人喜欢的东西，对它们之间的相似之处毫无察觉。我对这一切都感到陌生，所以我想我会在未来几年不断发展我的风格和技巧。

**日和手帖 > 在你最近的“截图”工作中有什么印象深刻的事吗？**

我总是会找到一些令我惊喜的小场景，我钟爱的是那些表现了丰富的人性的时刻。比如，当我“捕捉”到一位老人“行走”在他的齐默式助行架（Zimmer frame）里遛狗，这样的时刻会让人脸上泛起笑容，会让人更加热爱这个世界。

**日和手帖 > 我们知道，你需要对旅程中的每一步“了如指掌”，不然你会感到失控，因此，“虚拟环球旅行”是你对恐惧和焦虑情绪的抵抗。但是现在，你的艺术项目使你的焦虑得到缓解，并且使你想要到更多的地方去旅行。能否跟我们分享一下，你是怎样面对自己的恐惧的？**

当我刚刚开始这个项目的时候，我不确定这是否是一件有利健康的事情。每天坐在家里，花几个小时对着电脑屏幕截图，这听起来并不健康。然而，没有多久我就意识到这是我做过的最好的事情之一。这不仅创造性地表达了自我，而且也给我的内心带来了极大的平静，让我有机会去开放地谈论我的心理健康问题。当时我并不知道这将会是一个多么积极的体验，也没有想到会遇到那么多富有爱心的人。开始我仅仅是预料到我会受到各种评价，而我最初预想自己会得到的也都是各种消极的情绪。

但是坚持做这件事的过程让我有信心接受更多的挑战，在开始这个项目之前我从未拥有过这样的勇气。我更加坚定地去“旅行”，走出自己的舒适区，去“冒险”、去探索。当我在我的“街景旅行”中发现了一些漂亮的地方，我就想去验证它们是否真实存在，这又为我打开了一个全新的世界。出门旅行对我来说仍旧是不易的，但是我觉得去年我已经迈出了关键的一大步。我常常会觉得自己很幸运，现在我身边有一群热心的人，我知道，如果哪天出门在外时我的恐慌发作，会有很多人来帮助我。我真的很希望有一天我能将我受到的这种恩惠回馈给他人，如果我们能一起面对我们的恐惧，那将会是非常美好的事情。

**日和手帖 > 现在你的日常生活是怎样的？你还有什么其他的兴趣爱好吗？**

我仍然将我的大部分精力花在这个项目上，只是它正向一个不同的方向发展。目前我正在售卖一些作品的印刷物，它占用了我大量的时间，因为目前是我独立完成这项工作。同时，我也很有兴趣研究技术对创造力的影响，所以我正在做大量的阅读工作。除此之外，我也喜欢和我的搭档汤姆和小狗波莉一起在乡下度假。

**日和手帖 > 你的下一个目标是什么？你还有哪些新事物想要去尝试吗？**

我有很多事情想要去尝试。我想去更多的国家去展示我的作品，我也非常渴望去迎接更多新的挑战，我已经计划2018年在巴塞罗那和旧金山办展览。我也很乐意去编写一本书，这样我可以将我的故事讲给更多的人听。过去一年来，我得到了来自世界各地的很多人的帮助和大力支持，我想要去回馈，并向其他人提供类似的支持。我拥有来自世界各地的关注者，因此我也很想同时用几种不同的语言版本来编辑这本书。

# 畅游云端，落地人间

# ENJOY THE PATCHES OF CLOUDS, LANDING IN THE GROUND

**李诗禹　黄永灿** / 文　　**布鲁斯·坎贝尔** / 图

**Li Shiyu　Huang Yongcan** / interview & text　　**Bruce Campbell** / photo provided

Profile

Bruce Campbell

**布鲁斯·坎贝尔**

生活在美国俄勒冈州波特兰市，年轻时做过电气工程师，在 4S 店卖过跑车。在 20 多岁时花 23000 美元买下一块地，60 多岁时用 220000 美元将波音 727 改造成了他日常生活起居的家。

每一架飞机，在云端畅游时都承载着每一位乘客的期盼，也许是回家的归途，也许是旅行的开始，落地的一刻，总是让人安心。大概是出于这样的心态，Bruce Campbell 对飞机拥有超乎常人的喜爱，而且认为飞机是人类有史以来建造得最棒的结构之一。

退休之后的 Bruce 在脑海中萌生了各种关于改造飞机的想法，能把热爱与生活结合，何乐而不为呢？于是他将心中的想法付诸实践，把他在 1999 年买的波音 727 改装成了在美国俄勒冈州波特兰市的家，并成立了专属网站 AirplaneHome.com，记录着他与飞机的日常。气势恢宏的波音 727 安静地停放在林木环绕的草坪上，仿佛世外桃源一般，关上房门，便是自己的世界。

作为前电气工程师的 Bruce 对于飞机上的器械也充满好奇。因此除了为拓宽空间将座位移走之外，飞机基本保持原样。最酷的莫过于驾驶机舱改造成了他的办公室，舱内布满了按键和操作器，加上渲染的灯光，仿佛置身于科幻空间。Bruce 将飞机比作一个巨大的玩具，每一个舱门、每一处插板，都是值得摸索的地方，每天睁开眼就在飞机里，仿佛一直在旅途中，感觉非常棒。

除了在美国，Bruce 在日本宫崎购置了一架波音 747 改造成房车，自然也就多了一个 Airplane Home V2.0 的网站，但目前仍在准备状态。

**飞机的右翼是 Bruce 最喜欢的部分。**

**Bruce 将自己的起居室搬到了飞机上。**

Bruce Campbell 认为飞机是人类有史以来建造的最棒的结构之一。

# >>> < BRUCE CAMPBELL

HIYORITECHO / BRUCE CAMPBELL

**日和手帖 > 是什么激发你将飞机改造成家的？**

我是一个电气工程师，对工程技术有一种执念，对飞行器相关工程技术的好奇在某种程度上驱使着我去了解飞机。我曾经在4S店卖跑车，常常接触到跑车，看到司机有时候会在车里睡午觉，我就会从心底觉得代步工具乃至交通工具都可以成为自己的家啊！但是跑车似乎太小了，我就想到了飞机。

**日和手帖 > 在重建飞机的过程中你遇到过什么困难或者有趣的事情吗？**

把飞机改造成房子是一件罕见的事情。起初由于我也是以试探的心态去改造，所以我在此过程中犯了很多技术上的错误，但是改造第一架飞机的经验让我在完成日本的“工程”时，成功避免了很多问题。同时，我想重建飞机这件事本身对任何人而言都是极具挑战性的，得不到任何工业界的支持，无论是技术上还是资金上。记得起初我拆卸飞机内部的某个零件以腾出更多的空间时，竟无从下手，为此我上网查找钻研波音飞机的说明书，专门打电话给波音公司以寻求技术支持。说到有趣的事，我生活的地方，俄勒冈州某个小镇，是一个典型的人烟稀少的中西部乡村，这里没有什么壮观的值得人驻足的建筑物，而我在这里建造的飞机房子引来了居民的探访。他们隔三岔五地到我家做客，主动提供帮助。经过6个月，第一个飞机房在俄勒冈州横空出世。

**日和手帖 > 你第一次早上在机舱中醒来的感受如何？**

和所有人生活在正常的房子里一样，我第一天起来离开床之后洗漱，然后开始准备一天的事宜。生活在机舱内部并不会觉得和落地房子有太大的出入，该有的家用设施都有，只是当我出门时才会意识到原来我是从飞机中出来的。我是一个乐天派，努力为生活添加一些快乐的因子，从机舱中醒来可能会在某种程度上为生活添加一些乐趣吧。

**日和手帖 > 飞机的哪一部分是你日常生活中最喜爱的？**

这个问题很难回答，我在家的大部分时间都待在沙发上，在家除了休息就是阅读。其实我更热衷户外的活动，或许飞机的右翼是我最喜欢的部分，因为阳光总是能惠及右边的窗子，我把书桌放在这边，是我室内办公的不二选择，同时我也会邀请乐队在这里开音乐会，所以飞机的右端应该是我最喜欢待的部分了，既可热闹，也可恬静。

**日和手帖 > 住在飞机里的优点是什么？**

飞机的机舱是离地的，这意味着当你关上门的那一刻，很大程度上你就与世隔绝了。不会担心蚊虫的叮咬和野生动物拜访家门，最神奇的地方是，有时候你会下意识地告诉自己在飞机上，就算在家都有种在旅行的感觉。并且飞机比起传统民房更牢固，所以当有自然灾害发生，像日本常常刮台风，而我可以在家里安然无事，并且当洪水发生的时候，飞机本身可以成为一个不错的支点。除此之外，飞机的构造是结合了多种学科的完美产物，因为高质量，结构精美，又远离地面，住在里面可以欣赏不一样的风景，赏心悦目。

**日和手帖 > 你是如何处理生活垃圾的？实施起来方便吗？**

对于厨余垃圾，在美国，我每天都会用皮卡车在固定的时间点将它们运走。在日本，社区里有皮卡车服务，这很方便。对于污水和厕所垃圾，飞机里和民房里一样装配了接地的排污系统和照明系统。

**日和手帖 > 对于宫崎和俄勒冈的这两个家，你是轮流着住吗？**

我现在在日本宫崎的这个家里，目前来讲，我更喜欢在宫崎的这架飞机。作为美国人，我在日本可以感受东方文化带来的冲击，和在美国截然不同，并且这里比俄勒冈热闹，我可以接触更多的人，让他们更加了解飞机房。有时候想家乡了，就会飞回美国的家，不过以后在哪里住得多还很难说，可能我会又购进一架波音飞机，然后把家安在中国呢。

气势恢宏的波音727安静地停放在林木环绕的草坪上，世外桃源一般。

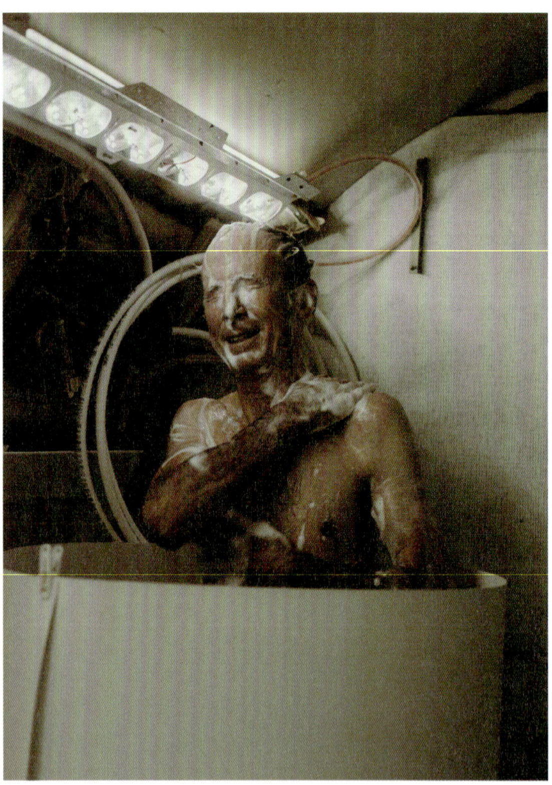

**Bruce 在飞机上的家里洗澡。**

驾驶室陈设。

# FEATURES

# 别册 艺术手帖

别册：艺术手帖

# Profile

David Mesguich

大卫・梅斯基什

几何雕塑艺术家、涂鸦艺术家，他的雕塑作品在比利时、法国等国家的公共空间呈现。

1

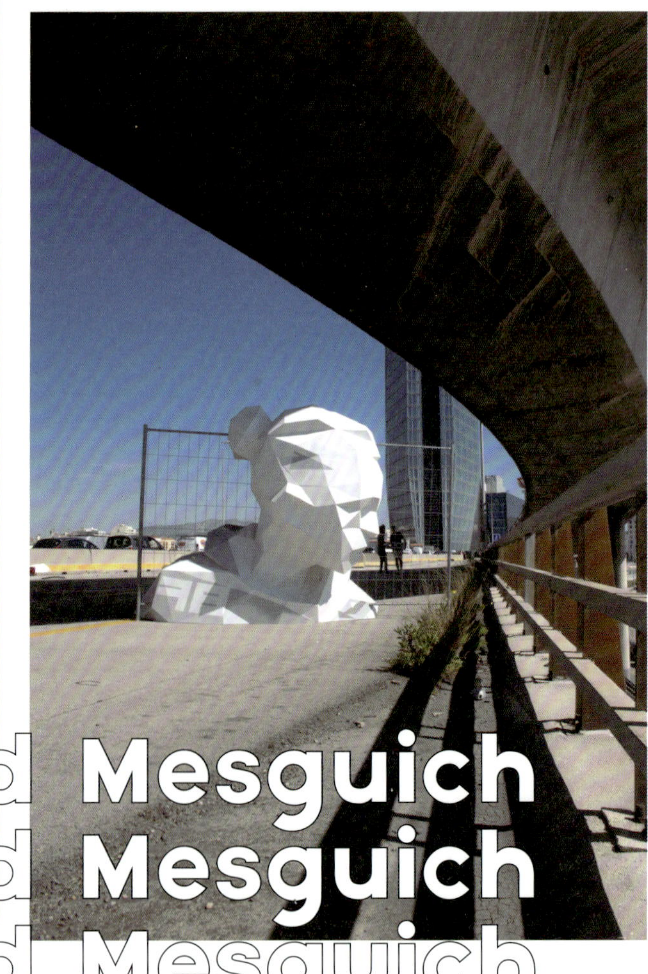

David Mesguich
David Mesguich
David Mesguich

2

这一系列公共空间人像雕塑是关于那些“既在里面又在外面”的人，那些保持中立或者在世界之间的人。这些作品开始于2012年David对政治的和物理的界限的思考，以及对移民归属感问题的关注。

3

Artist:
David Mesguich

4

在创作波兰波兹南市的公共空间纪念雕塑时，David 想到的是自己的女儿，以及在这里成长和每天可能经过这个雕塑的孩子们。

5

*Falling Selfie*（坠落的自拍照）

2018 年，David 为摩洛哥马拉喀什 Montresso 艺术基金会做的钢铁雕塑作品。

## Profile

1

Calvin Shen

沈星培

动画师，江苏南京人。2013 年至 2017 年在美国罗得岛设计学院（Rhode Island School of Design）就读。毕业后，他搬到了阳光明媚的洛杉矶。他的作品大多关注被忽视的夹缝中的空间，以及边缘人们亲切的脆弱感。他最近的动画短片《莲花灯》在世界各个动画电影节展出，并在美国安娜堡电影节（Ann Arbor Film Festival）荣获最佳动画短片奖。

Calvin Shen
Calvin Shen
Calvin Shen

2

3

**Lotus Lantern 莲花灯**

6 分 30 秒动画短片

Artist:
Calvin Shen

莲花灯是一封写给周璇的致敬信。从小听着周璇的曲子长大，作者视周璇为他酷儿理论与中华传统的透明连接线。

6

# Tom Hegen
Tom Hegen
Tom Hegen

## Profile

1

Tom Hegen

汤姆・赫根

德国摄影师、设计师。他专注于航空摄影项目，致力于展示人与自然的关系，揭示人类给地球带来的影响，这些影响虽美妙，却又令人不安。

2

3

Artist:
Tom Hegen
4
5

*The Quarry Series*（采石场系列）展示了德国的露天采矿场景。为了建设不断发展的城市基础设施，人们需要大量原材料。为了满足原材料的需求，人们开发了各种开采和加工方法。

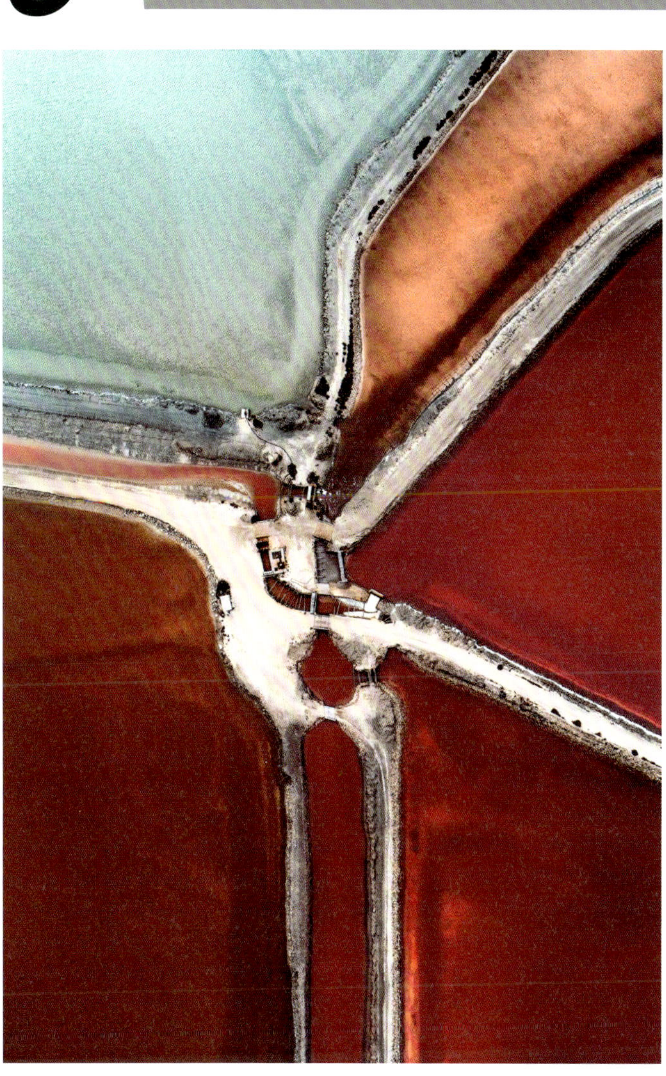

# Mikhail Vyrtsev
Mikhail Vyrtsev
Mikhail Vyrtsev

## Profile

Mikhail Vyrtsev

米哈伊尔·维捷采夫

俄罗斯画家、插画师，生于 1988 年。他说，自己的作品是一种对日常的内省，更多时候是在提问，而不是在回答，因为回答总是琐碎和无聊的，就像电影的结局。

1

2

3

Mikhail 在作品中表现的日常场景常常带着一丝荒诞。

Artist:
Mikhail Vyrtsev

# 4

5



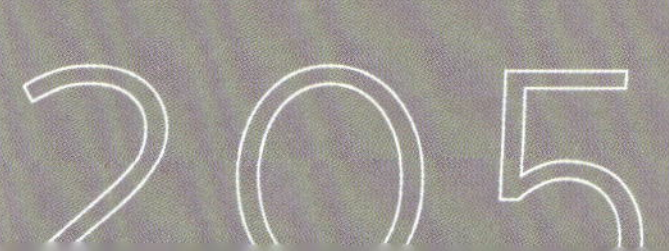

Artist:
Mikhail Vyrtsev

6

7

## 8

Stationar（静止）系列融合了俄国至上主义艺术家马列维奇的风格以及 20 世纪 80 年代未来主义的风格。

日和手帖 微信
208

# Index

# OOO

# Index

OOO - OOO

PEP'S

SILVER
SNIPERS

# 日和手帖零售名录

## 网站

亚马逊
当当
京东
文轩网
博库网

## 北京

三联书店
Page One书店
单向空间
时尚廊
三联书店
字里行间
万圣书园
王府井书店
西单图书大厦
中关村图书大厦
亚运村图书大厦

## 上海

上海书城福州路店
上海书城五角场店
上海书城东方店
上海书城长宁店
上海新华连锁书店港汇店
季风书园上海图书馆店
“物心”K11 店（新天地店）

## 广州

广州购书中心
新华书店北京路店
广东学而优书店
广州方所书店
广东联合书店

## 深圳

深圳中心书城
深圳罗湖书城
深圳南山书城
深圳西西弗书店

## 江苏

苏州诚品书店
凤凰国际书城
南京大众书局
南京先锋书店
南京市新华书店

## 天津

天津图书大厦

## 郑州

三联书店郑州分销店
郑州市新华书店
郑州市图书城五环书店
郑州市英典文化书社

## 浙江

杭州晓风书屋
杭州庆春路购书中心
杭州解放路购书中心
宁波市新华书店

## 山东

青岛书城
济南泉城新华书店

## 山西

山西尔雅书店
山西新华现代连锁有限公司
图书大厦

## 湖北

武汉光谷书城
文华书城汉街店

## 湖南

长沙弘道书店
德思勤24小时书店

## 安徽

安徽图书城

## 江西

南昌青苑书店

## 福建

福州安泰书城
厦门外图书城

## 广西

南宁西西弗书店
南宁书城新华大厦
南宁新华书店五象书城

## 云贵川渝

成都方所书店
贵州西西弗书店
重庆西西弗书店
成都西西弗书店
文轩成都购书中心
文轩西南书城
重庆书城
重庆精典书店
云南新华大厦
云南昆明书城
云南昆明新知图书百汇

## 东北地区

大连市新华购书中心
沈阳市新华购书中心
长春市联合图书城
新华书店北方图书城
长春市学人书店
长春市新华书店
黑龙江省新华书城
哈尔滨学府书店
哈尔滨中央书店

## 西北地区

甘肃兰州新华书店西北书城
甘肃兰州纸中城邦书城
宁夏银川市新华书店
新疆新华书店国际图书城
新疆乌鲁木齐新华书

## 香港

香港绿野仙踪书店

## 机场书店

杭州萧山国际机场中信书店
福州长乐国际机场中信书店
西安咸阳国际机场 T1 航站楼中信书店
福建厦门高崎国际机场中信书店

## 天猫

中信出版社官方旗舰店
博文图书专营店
墨轩文阁图书专营店
唐人图书专营店
新经典一力图书专营店
新视角图书专营店
新华文轩网络书店

图书在版编目（CIP）数据

少年之心 / 鲁本夫主编 . -- 北京：中信出版社，
2019.3
（日和手帖；12）
ISBN 978-7-5086-9740-6

Ⅰ . ①少… Ⅱ . ①鲁… Ⅲ . ①日本人 - 生活方式 - 通
俗读物 Ⅳ . ① C955.313-49

中国版本图书馆 CIP 数据核字 (2018) 第 258371 号

少年之心

主　　编：鲁本夫
出版发行：中信出版集团股份有限公司
（北京市朝阳区惠新东街甲 4 号富盛大厦 2 座　邮编　100029）
承 印 者：北京图文天地制版印刷有限公司

开　　本：787mm×1092mm　1/16　　印　　张：13.5　　字　　数：180 千字
版　　次：2019 年 3 月第 1 版　　印　　次：2019 年 3 月第 1 次印刷
广告经营许可证：京朝工商广字第 8087 号
书　　号：ISBN 978-7-5086-9740-6
定　　价：65.00 元

版权所有 · 侵权必究
如有印刷、装订问题，本公司负责调换。
服务热线：400-600-8099
投稿邮箱：author@citicpub.com